इश्क़ तो किया था...

शायरी गीत ग़ज़ल कविता संग्रह

सचिन सागर

टू साइन

प्रकाशक : ट्रू साइन पब्लिशिंग हाउस

पता : SY.N0.21/2 & 21/3, सोननहल्ली,

कृष्णराजपुरा, बेंगलुरु, कर्नाटक - 560049 भारत

ईमेल : truesignbooks@gmail.com

वेबसाइट : www.truesign.in

© प्रकाशकाधीन

इश्क़ तो किया था...

लेखक: सचिन सागर

ISBN: 978-93-5584-777-5

संस्करण: 2023

दिल से धन्यवाद

अगर दो नामों का ज़िक्र ना हो तो इस किताब का वजूद अधूरा सा रह जाता

पहला नाम मेरे कॉलेज के समय के मित्र अक्षय अरोरा (मेरे लिये अक्की भाई) जो कि टू ग़ज़ल लवर हैं

और दूसरा नाम ग़ज़ल सम्राट जगजीत दा का है

कॉलेज टाइम में अक्की भाई और मैं रूम पार्टनर थे और अक्सर अक्की भाई अपने कंप्यूटर पर ग़ज़लें सुनते थे, जब भी मैं बोलता था कोई और गाना लगा दो तो मुझ से हर बार कहते थे सचिन भाई ये वाली जगजीत दा की ग़ज़ल सुनो और गारंटी है उसके बाद सिर्फ ग़ज़लें ही सुनोगे और फ़िर ग़ज़ल की हर लाइन का मतलब समझाते थे और ग़ज़लें सुनते सुनते शेरो शायरी एहसास बन कर दिल में उतरती चली गई

मेरे दोस्त अक्की भाई, जगजीत दा की जादुई आवाज़ की ग़ज़लें और उन गज़लों को लिखने वाले सभी शायर को दिल से सलाम और धन्यवाद

जिंदगी में सबसे पहला शेर जो मैंने लिखा

उन पर जान देने का सिलसिला रह गया शायद
इसीलिए मोहब्बत में फ़ासला रह गया शायद

और शायरी लिखने का ये सिलसिला फ़िर जारी रहा...........

अनुक्रम

अनकहे जज़्बात

1. इश्क़ तो किया था...13

2. उम्र जब ढलने लगी...15

3. आती जाती साँसों में..16

4. इतना तुझसे प्यार किया है.....................................17

5. जुदा होने का ये जो दर्द है....................................18

6. ये दर्दे दिल है..19

7. मोहब्बत के बगीचे में..20

8. जिसके मिलने से...21

9. वो नाराज़ है मुझसे...22

10. आने वाला कल हमारा...23

11. मन चला...24

12. क्या दरमियाँ बचा है..25

13. मैं बस इतना दीवाना था......................................26

14. आँखों में था प्यार छुपा.......................................27

15. ऐ दिल बतला दे..28

16. तुमको याद करना चाहता हूं.................................29

17. आँखों का सावन...30

18. एक ख़्वाब लिखा है..31

19. तुमको ख़्वाबों में लाकर......................................32

20. आशाओं के दीप..33

21. कोई वादा नहीं किया..34

22. इश्क़ तुमसे है कितना..35

23. ग़ज़लें लिखना भूल गए 36

24. आँसू निकाल के 37

25. क्यों आँख नम है 38

26. इश्क़ प्यासा रहा 39

27. तुझ से मोहब्बत 40

28. याद करते हो 41

29. काँटों का दामन 42

30. फ़ैसला सुना दो 43

31. आसमान को छूना है 44

आईना समाज का

32. बिंदी कुमकुम मेहँदी हो तुम 47

33. अय्यारी 48

34. आँखों का क्या नाम लिखा 49

35. सालों के बाद आया है 50

36. तूफ़ानों को चुनौती 51

37. हिंदी मेरी माता है 52

38. मतलब की इस दुनिया में 53

39. औलाद 54

40. एक छोटी सी बात 55

41. वक़्त के मरहम 56

42. चढ़ता सूरज 57

43. हमने बुजुर्गों से सुना है 58

44. असली होली 59

45. तबियत 60

46. ज़िंदगी उजाड़ देता है 61

47. जो दर्दे दिल का सबब हैं 62

48. खरा बोलता हूँ 63

49. आईना 64

50. ज़िंदगी का सबक 65

51. हमने हिंदुस्तान बनाया 66

52. एक कप चाय 67

53. मंत्री को आवाज़ लगाई 68

54. नीयत को पाक साफ़ रख 69

55. हाथों से शजर जायेगा 70

जीवन की प्रेरणा

56. अगर हौसला नहीं है 73

57. इंतज़ार कीजिए 74

58. तितली उड़ने लगती है 75

59. लड़खड़ाते हैं क़दम 76

60. जागते रहना मत सोना 77

61. कदमों के निशान बाकी हैं 78

पिता जी

62. मेरा बेटा जब आएगा 81

63. पापा की गोदी 83

64. बूढ़े पिता का दर्द 84

65. पिताजी का समर्पण 84

दास्तान - ए - दिल

66. तुम जान हो मेरी 87

67. जो लम्हे गुज़ारे साथ में 88

68. शायद कुछ भी नहीं 89

69. दिल टूटा है 90

70. यादों की बरसात 91

71. आहट 92

72. तुझ से मिलते ही 93

73. तुम भी सही थे 94

74. तू क्या जाने 95

75. हम भी खुदा से पाक हैं 96

76. तेरी अदाओं के 97

77. फिर से जवाँ किया 98

78. मुझको काली आँखों की 99

79. अँधेरों को रोशन कर दे 100

80. लाज़बाब जिंदगी 101

81. मैं बिकता रहा 102

82. मेरे एहसास 103

83. गाड़ी बंगला 104

अशआर ज़िंदगी के

84. हर नज़ारा ज़िंदगी का 107

85. मेरे लिख्खे सभी ख़त को 107

86. पहुँची नहीं जो तुम तलक 108

87. यूँ अचानक 108

88. हाथों की लकीरों में नहीं था 109

89. इस दिल के दर्द को 109

90. शहर की रंगत बदल गई 110

91. यूँ तो लड़ाई 110

92. मोहब्बत का सफ़र 111

93. खो गई चंद लाइनें 111

94. रात भर जगी है 112

95. फिर निसार-ए-प्यार में 112

96. जब कभी तुझसे मिला 113

97. मशहूर हो गया 113

98. क्या किरदार निभाना होता है 114

99. ऐसे मिला कि खुदा हो गया 114

100. मोहब्बत के दो पहलू हैं 115

101. हौसला कर लिया 115

102. प्रेम की रस्म 116

103. आसमाँ है नीचे 116

104. तनहाईयों से जूझता है 117

105. दिल की चोट पर 117

106. जबसे निगाहों से 117

107. गुरूर चला गया 118

108. मैं तुमको चूम लेता हूँ 118

109. मेरे गुरूर को 118

110. थोड़ा करीब आओ 119

111. वक़्त की शाखों पर 119

112. तुम से मिलकर 119

113. तेरे मेरे दरमियाँ के 120

चाहत और तजुर्बे

114. दिल को करार आएगा 123

115. मेरी खातिर अपने घरवालों से 124

116. निगाहों को मिला के 124

117. वो मुझको अपना बताने से 124

118. खुद से खुद को 124

119. मुझमें से मेरा एक हिस्सा 124

120. बस एक चुभन सी है..124

121. जिस्म से रूह का 125

122. यार मेरा फिर मुझसे 125

123. कितनी रातें कितने दिन 125

124. हालातों से समझौता 125

125. उजड़ कर बसने का 125

126. उम्र भर उठाते रहे..125

127. रिश्तों में पड़ी दरार 126

128. रोटी महँगी हो गई 126

129. सुना है वो शख़्स..126

130. जब एक परिंदा उड़ते उड़ते 126

131. कहने को ये सब..126

ईश्वर को नमन

132. मेरे श्री राम 129

133. हे गणेशा..130

134. मेरे कन्हैया 131

मेरे बचपन का शहर चंदेरी

135. मेरे बचपन का शहर चंदेरी 135

अनकहे जज़्बात

1. इश्क़ तो किया था

इश्क़ तो किया था पर इस कदर नहीं था
थामा था हाथ मेरा पर हमसफ़र नहीं था

चेहरे का नूर जैसे आफ़ताब की चमक थी
खुशबू बदन की जैसे कोई फूल की महक थी
डूब जाऊं मोहब्बत में ऐसा असर नहीं था
इश्क़ तो किया था पर इस कदर नहीं था

नाजुक कलाई जैसे कोई लचीली डाली
गालों पे सुर्ख़ियां थी जैसे कोई दीवाली
आग़ोश में तुम्हारे बस मेरा सर नहीं था
इश्क़ तो किया था पर इस कदर नहीं था

उड़ती हुई लटायें जैसे बदलीयां घटाएँ
कोई भी डूब जाये तेरी झील सी निगाहें
तेरे शहर में सब था बस मेरा घर नहीं था
इश्क़ तो किया था पर इस कदर नहीं था

पैर जमीं पर तुम रखती थी हौले हौले
बल खाये कमरिया जैसे नाव के हिलोरे
टूटा हुआ था लेकिन मैं मुन्तशिर नहीं था
इश्क़ तो किया था पर इस कदर नहीं था

साँसों की गर्मीयां मेरी साँसों में उतर जाएँ
सर्दी में चल पड़ी हों जैसे गुनगुनी हवाएँ
पक्का था यार मेरा पर दर्दे जिगर नहीं था
इश्क़ तो किया था पर इस कदर नहीं था

होठों का रंग ऐसा जैसे मीठा पान कोई
वो बोलता था ऐसे जैसे अज़ान कोई
मिलता था मुस्कुरा के पर मुंतज़िर नहीं था
इश्क़ तो किया था पर इस कदर नहीं था

हिमालय के पर्वतों सी तेरे जिस्म की बनावट
माथे पर लकीरें थी जैसे मीर की लिखावट
मैं चाहता था उसको वो बेख़बर नहीं था
इश्क़ तो किया था पर इस कदर नहीं था

छू कर बदन को तेरे एहसास हो गया था
जब तलक रहा मैं, तेरा ख़ास हो गया था
कुछ दरमियाँ थी दूरी पर बे नज़र नहीं था
इश्क़ तो किया था पर इस कदर नहीं था

यादों के तेरे साये जब ख्वाब में आएंगे
तुझ पर लिखे जो नग़मे मुझको ही रुलाएंगे
मैं भूल जाऊं तुझको मुझमें हुनर नहीं था
इश्क़ तो किया था पर इस कदर नहीं था
थामा था हाथ मेरा पर हमसफ़र नहीं था

आफताब	-	सूरज
आग़ोश	-	गोदी
मुन्तशिर	-	बिखरा हुआ
अज़ान	-	पुकारना
मुन्तज़िर	-	प्रतीक्षा करने वाला

इश्क़ तो किया था...

2. उम्र जब ढलने लगी

उम्र जब ढलने लगी दस्तूर समझ आए
जिनको करीब समझा वही दूर नज़र आए

उसके अहम ने हरदम बस फाँसले बड़ाये
नदी अड़ी है ज़िद पर इस बार सागर आये

जब मिलते हैं यार मुझसे हाल चाल पूछते हैं
कोई यार जाके उसकी कोई तो ख़बर लाए

कितने हिचक के साथ मदद को मुझे पुकारा
और मैं चाहता था मेरा हक़दार बनकर आए

आसरा कुछ दिनों का वो चाहता था घर में
और मैं चाहता था दिल में ता-उम्र ठहर जाए

बस हाथ मिलाने तक ताल्लुक़ बनाये रख्खे
मैं चाहता था उम्र तेरी बाँहों में गुज़र जाए

इश्क़ करके सबको बस दर्दे दिल मिला है
परिणाम मोहब्बत का कुछ और बेहतर आए

तुझे भूलने की कोशिश मैंने बरकरार रखी
पर जब भी याद आए आठों पहर आए

सालों सी लम्बी रातें कैसे कटेंगी तन्हा
हर रात सोचता हूं उम्मीदे सहर आए

दस्तूर   - प्रथा
उम्मीदे सहर - उम्मीद की सुबह

3. आती जाती साँसों में

दिल ने तुझको महसूस किया है आती जाती साँसों में
हरदम तुझको सुन सकता हूं अपनी ही आवाज़ों में

हाथों में मेरे हाथ नहीं क़िस्मत में तेरा साथ नहीं
फिर किसने कितना प्यार किया क्या रख्खा है इन बातों में
दिल ने तुझको महसूस किया है आती जाती साँसों में

दुनिया से तुम मजबूर होगये आखिर मुझसे दूर होगये
फिर क्यूँ मिलने आजाते हो रोज़ रात को ख़्वाबों में
दिल ने तुझको महसूस किया है आती जाती साँसों में

यादों के साये सो जाएंगे हम बीते कल में खो जायेंगे
पर ज़िक्र मेरा आ ही जायेगा यहाँ वहाँ की बातों में
दिल ने तुझको महसूस किया है आती जाती साँसों में

मैं टूट गया हूं वादों में कहीं दफ़्न हो गया यादों में
मैं तुमको नज़र नहीं आऊंगा
पर मुझको महसूस करोगे तुम अपने जज़्बातों में
दिल ने तुझको महसूस किया है आती जाती साँसों में

वो वक़्त पुराना लौट के आज़ा मैं था तेरे दिल का राजा
जी भर के हम भीगे थे उन सावन की बरसातों में
दिल ने तुझको महसूस किया है आती जाती साँसों में
हरदम तुझको सुन सकता हूं अपनी ही आवाज़ों में

4. इतना तुझसे प्यार किया है

कागज़ की कश्ती को लेकर तूफ़ानों को पार किया है
पथरीली बंजर भूमि को मेहनत से गुलज़ार किया है
ऊपर वाला जलता होगा इतना तुझसे प्यार किया है

कब मिलना होगा ख़्वाबों में नींद नहीं है आँखों में
मैंने घर का आईना बन कर हर पल तेरा दीदार किया है
ऊपर वाला जलता होगा इतना तुझ से प्यार किया है

हिम्मत को हथियार बनाया मेहनत को पैनी धार बनाया
बेखौफ़ चला मंज़िल तक अपनी खुद को ऐसा तैयार किया है
ऊपर वाला जलता होगा इतना तुझ से प्यार किया है

जीवन की सच्चाई देखी अपनों की प्रीत पराई देखी
जख़्मों पर काँटों का मरहम तूने अच्छा उपचार किया है
ऊपर वाला जलता होगा इतना तुझ से प्यार किया है

तू सोच नहीं सकता वो कर दूँ मैं तूफ़ानों की राह बदल दूँ
हमने लहू सींच कर कागज़ के फूलों को खुशबू-दार किया है
ऊपर वाला जलता होगा इतना तुझ से प्यार किया है

गुलज़ार - खिला हुआ बाग़-बग़ीचा।

5. जुदा होने का ये जो दर्द है

जुदा होने का ये जो दर्द है कैसे बताऊँ मैं
ला-दवा इश्क़ का मर्ज़ है कैसे बताऊँ मैं

मोहब्बत निभाना है तो फिर सब कुछ लुटाना है
मेरे सर पर कई और कर्ज़ है कैसे बताऊँ मैं

तेरी आँखों में खो जाता मैं बस तेरा हो जाता
मुझपे माँ बाप का भी फ़र्ज़ है कैसे बताऊँ मैं

अपना ज़मीर मार कर वो चाहता है प्यार कर
तुझे पाने की मुश्किल शर्त है कैसे बताऊँ मैं

वो मुझसे पूछता है कि बिछड़ के याद करते हो
मेरी धड़कन में तू ही दर्ज है कैसे बताऊँ मैं

दौलत के नशे में चूर, क्या हालात समझेंगे
बदन नंगा हवायें सर्द है कैसे बताऊँ मैं

उसका चाँद सितारों से, घर जन्नत है बहारों से
इधर पेड़ों पर खाली ज़र्द है कैसे बताऊँ मैं

ज़र्द - पतझड़

6. ये दर्दे दिल है

मेरे हक़ में कोई हवा नहीं है
ये दर्दे दिल है इसकी कोई दवा नहीं है

बनते बनते बात बिगड़ जाती है
रिश्तों में गाँठ जब पड़ जाती है
अब क्यूँ आकर दस्तक देते हो
दिल का दरवाज़ा खुला नहीं है
ये दर्दे दिल है इसकी कोई दवा नहीं है

होंठों पे सूरज की लाली है
उसकी आँखें मतबाली है
मैं कैसे कह दूँ टे सब सच है
अब तक नज़रों का जादू चला नहीं है
ये दर्दे दिल है इसकी कोई दवा नहीं है

मैं खुलेआम सबसे कहता हूं
मैं नदी हूं मर्ज़ी से बहता हूं
कोई उसको जाकर के समझा दो
रहनुमा है वो कोई खुदा नहीं है
ये दर्दे दिल है इसकी कोई दवा नहीं है

रहनुमा - लीडर

7. मोहब्बत के बगीचे में

मोहब्बत के बगीचे में वफ़ा के फूल खिलते हैं
जहां हम रोज़ मिलते थे यादों के शूल मिलते हैं

तेरी फ़ितरत में था जो दिल्लगी करना फ़िज़ाओं से
हवाओं में महक है जिस तरफ से वो निकलते हैं

हमें मालूम था हम भी भँवर में डूब जाएंगे
मुश्किल से उभरते हैं जो ज़ुल्फ़ों में उलझते हैं

इबादत और मोहब्बत में हमें मत फ़र्क़ समझाओ
हम जिसको चाहते हैं बस वहीं सज्दे में झुकते हैं

रहमत के उजालों का हमें मोहताज़ मत समझो
जुगनू सा चमकने का हुनर हम पास रखते हैं

चलो अब तल्ख़ियाँ छोड़ो किये वादे निभाते हैं
अधूरे ख़्वाब में चाहत के फिर से रंग भरते हैं

मोहब्बत के बगीचे में वफ़ा के फूल खिलते हैं
जहां हम रोज़ मिलते थे यादों के शूल मिलते हैं

रहमत   - दया
तल्ख़ियाँ   - कड़ुवापन, कटुता

8. जिसके मिलने से

जिसके मिलने से जीवन त्यौहार लगे तो क्या कहना
खुद से ज़्यादा कोई मुझको प्यार करे तो क्या कहना

जिसके आने की आहट से दिल की धड़कन बड़ जाये
बिजली तन में दौड़ गयी ज़ब उससे नज़रें लड़ जाये
वो मुझको बाहों में भरके इज़हार करे तो क्या कहना
खुद से ज़्यादा कोई मुझको प्यार करे तो क्या कहना

उसको पाने की ख़ातिर दिल डरे नहीं गुस्ताख़ी से
भरी भीड़ में जिसको नज़रें ढूढ़ रही बेताबी से
वो भी छुप छुपके मेरा दीदार करे तो क्या कहना
खुद से ज़्यादा कोई मुझको प्यार करे तो क्या कहना

जबसे अपने दिल का धागा तेरे दिल से जोड़ा है
उसको पाने की ख़ातिर सारे बंधन को तोड़ा है
वो भी पुरे मन से गर ऐतबार करे तो क्या कहना
खुद से ज़्यादा कोई मुझको प्यार करे तो क्या कहना

९. वो नाराज़ है मुझसे

वो नाराज़ है मुझसे पर ख़ुद को सताता है
मेरे सामने मोहब्बत किसी और से जताता है

तेरी सारी बलाएं टल गयी माँ की दुवाओं से
बदनसीब है वो बेटा अपनी माँ को रुलाता है

पता चलता है रगों में ख़ून का ख़ानदान कैसा है
सलीक़ा बात करने का तेरी सोहबत बताता है

न जाने परवरिश में कौन सी कमियाँ रही होंगी
जो बेटा बाप की गर्दन को दुनिया में झुकाता है

पकड़ के गाल बचपन में करी थी कंगियाँ जिसकी
वही बच्चा बड़ा होकर हमें आईना दिखाता है

हम सर की पगड़ी को अपनी इज़्ज़त समझते थे
अब मंहगा जूता पैरों में मेरी हैसियत बताता है

शिकायत तो नहीं कोई पर इस बात का ग़म है
हँसने की वज़ह थी जो वही मुझको रुलाता है

सोहबत - संगति

10. आने वाला कल हमारा

आने वाला कल हमारा आज से भी बेहतर होगा
मैं हूँ तुम हो और जन्नत के जैसा मेरा घर होगा

बाबा दादी बच्चे होंगे प्रेम के रंग सच्चे होंगे
आँगन में तुलसी का पौधा कभी नहीं जर्जर होगा
आने वाला कल हमारा आज से भी बेहतर होगा

चाय बनेगी घर में जब सबको खुशबू आ जाएगी
दादी जाकर ठेले से चुन चुन के सब्ज़ी लाएगी
आँगन में इक पेड़ भी होगा पक्षी का कलरव होगा
आने वाला कल हमारा आज से भी बेहतर होगा

दादा दादी धूप में बैठे जब सर्दी का मौसम होगा
दीवाली की रात में आँगन दियों से रोशन होगा
सब साथ बैठ कर खाएंगे कितना प्यारा मंज़र होगा
आने वाला कल हमारा आज से भी बेहतर होगा

घर में छोटी कार भी होगी दादा की साईकल होगी
बुआ घर में आएगी तो कितनी चहल पहल होगी
मामा के घर छुट्टी में ऊधम हल्ला जमकर होगा
आने वाला कल हमारा आज से भी बेहतर होगा

सपनों की दुनिया दिखती है दादी माँ के किस्से में
सारी खुशियाँ छुपी हुई हैं पाँच रूपए के सिक्के में
घर में एक छोटा सुंदर सा पूजा का मंदिर होगा
आने वाला कल हमारा आज से भी बेहतर होगा

गाड़ी बंगला पैसा ख़ाली खुशियों का आधार नहीं
प्रेम की अनुभूति न हो फिर वो कोई परिवार नहीं
कोई कष्ट नहीं आएगा बड़ों का हाथ मेरे सर पर होगा
आने वाला कल हमारा आज से भी बेहतर होगा
मैं हूँ तुम हो और जन्नत के जैसा मेरा घर होगा

11. मन चला

देखना एक दिन जलजला आएगा
जब तुझसे मिलने तेरा मन चला आएगा

ना अमीरी का दम ना ग़रीबी का ग़म
एक खिलौने से बच्चा बहल जाएगा
देखना एक दिन जलजला आएगा

इश्क़ में रूठना है पुरानी अदा
बेबजह रूठने से है क्या फ़ायदा
इस मनाने की जद्दोजहद में सनम
प्यार का मौसमी फल चला जाएगा
देखना एक दिन जलजला आएगा

मोहब्बत का मेरी असर देखना
बिछड़ने पर दिल का हशर देखना
सोना पाओगे तुम रात भर चैन से
बस मेरे ख़्वाबों का सिलसिला आएगा
देखना एक दिन जलजला आएगा

12. क्या दरमियाँ बचा है

नज़दीकियाँ बची हैं या फ़ासला बचा है
मेरे और तुम्हारे क्या दरमियाँ बचा है

मेरे दिल की धड़कन में आहें बची हैं
ज़मीं भर के रोये आसमाँ बचा है
मेरे और तुम्हारे क्या दरमियाँ बचा है

आँखों में थोड़ी नमी सी बची है
ज़हन में मेरे वो लम्हा बचा है
मेरे और तुम्हारे क्या दरमियाँ बचा है

बिछड़ने के बाद के दस्तूर हैं ये
मातम बचा है करबला बचा है
मेरे और तुम्हारे क्या दरमियाँ बचा है

मोहब्बत के वादे खतम हो गये हैं
तुम्हें भूलने का सिलसिला बचा है
मेरे और तुम्हारे क्या दरमियाँ बचा है

करबला - ताजिया दफ़न किए जाने का स्थान।

13. मैं बस इतना दीवाना था

मैं बस इतना दीवाना था खुद से ही बेगाना था
दर्पण देखा फ़ुर्सत से मैं खुद से ही अनजाना था

आँखों के पैमाने से दर्द के आँसू झलके थे
मुझको टूटे ख़्वाबों को अपने दिल में दफ़नाना था

उम्मीद तुम्हारे आने की कुछ ऐसे ज़िंदा रखी थी
खुद से वादे करते थे फ़िर खुद को ही झुठलाना था

बैध हकीम दवा दारु सब झूठे दावे करते हैं
जड़ से ख़त्म नहीं होता इश्क़ का रोग पुराना था

हमने भी दर्दे दिल पर मरहम रखना सीख लिया
खुद के कंधे पर सर रख के ज़ख़्मों को सहलाना था

मेरी लम्बी आयु की हाथ उठा के दुआ न कर
तेरी बाँहों में मुझको मिटना था मर जाना था

14. आँखों में था प्यार छुपा

आँखों में था प्यार छुपा, तुम ठीक से पढ़ नहीं पाये
बात मोहब्बत की छोड़ो, तुम ठीक से लड़ नहीं पाये

कदम मिला के साथ चले फिर भी तुमसे मतभेद रहा
प्रेम के बदले प्रेम न मिलना, इसी बात का खेद रहा
पढ़े उदासी चेहरे की अब तक ऐसे दर्पण नहीं आये
आँखों में था प्यार छुपा, तुम ठीक से पढ़ नहीं पाये

ढूँढ़ रहे हो तुम जिसको, शायद मैं वो प्यार नहीं
तुम मेरी दुनिया हो लेकिन मैं तेरा संसार नहीं
सच्चाई के पटल पे हम ख़्वाब अधूरे गढ़ नहीं पाये
आँखों में था प्यार छुपा, तुम ठीक से पढ़ नहीं पाये

जीवन की इस दौड़भाग में मुश्किल से वो मिलता है
पर मेरी कमी से ज्यादा उसको मेरा होना खलता है
यही दुआ है राह में तेरी अब कोई कंकड़ नहीं आये

आँखों में था प्यार छुपा, तुम ठीक से पढ़ नहीं पाये
बात मोहब्बत की छोड़ो, तुम ठीक से लड़ नहीं पाये

15. ऐ दिल बतला दे

ऐ दिल बतला दे किस से तेरी यारी है
या यूँ ही धक् धक् करने की बीमारी है

हिन्दू मुस्लिम सिख इशाई मत बोलो
बस भारत माता ही पहचान हमारी है

प्यार में तुम भी अपने हाथ जला बैठे
इश्क़ का दूजा नाम सुनो चिंगारी है

आँधी से लड़ कर जो रोशन होता है
वो दिया अकेला सौ सूरज पर भारी है

जीवन के हिचकोले सहने पड़ते हैं
कोई डूब ना जाये नाव की ज़िम्मेदारी है

दिल का दाव लगा के बाज़ी जीत गया
इश्क के चौसर का वो मँझा जुआरी है

16. तुमको याद करना चाहता हूं

मैं तुझसे बस यही आख़री फ़रियाद करना चाहता हूं
मुझे कुछ ज़ख्म दो मैं तुमको याद करना चाहता हूं

गर बिछड़ना ही था तो मुझसे लिपट कर क्यूँ गये
दर्दे जुदाई का ये मंज़र हर बार करना चाहता हूं

कभी गुजरो इधर से तो तकल्लुफ़ में ही मिल लेना
मैं तन्हा हूं बहुत, मैं तुमसे बात करना चाहता हूं

तेरी तस्वीर को सीने पर रख कर सो गया हूं
बेचैन दिल की आरजू थी बाँहों में मरना चाहता हूं

मैं जानता हूं इश्क़ का दरिया है आग का
मैं दरिया डूब कर के पार करना चाहता हूं

17. आँखों का सावन

भीग गये मेरे तन मन तेरी आँखों का सावन
राधा सी मुस्कान तेरी आँखें तेरी वृंदावन
उड़ती जुल्फ़ हवाओं में कोई बादल जैसे आवारा
आँखों से नूर बरसता है आकाश में जैसे धुब तारा
तुम स्वाति नक्षत्र की बूँदों सी और चातक जैसा मेरा मन
राधा सी मुस्कान तेरी आँखें तेरी वृंदावन

जादू तेरी बातों में साँसों की ख़ुशबू क्या कहना
हम अपने होश गवां बैठे तेरे कजरारे नैना
मैं साहिल बनके देख रहा लहरों सा तेरा यौवन
राधा सी मुस्कान तेरी आँखें तेरी वृंदावन

तेरे चेहरे की आभा कोई चाँद हो जैसे पूनम का
तेरे आँखों की स्याही कोई रत्न हो जैसे नीलम का
काम-रति सी सुन्दर हो, तन भी कुंदन मन भी कुंदन
राधा सी मुस्कान तेरी आँखें तेरी वृंदावन

देख के तेरी सूरत को हो जाये कोई भी घायल
सावन की घनघोर घटा तेरी आँखों का काजल
जैसे चाँद सिमट कर बैठा है, माथे पे तेरे चन्दन
राधा सी मुस्कान तेरी आँखें तेरी वृंदावन

गालों पे तेरे काला तिल जैसे फ़ूल पे कोई भँवर
तेरी गहरी आँखों में डूब गये कितने सागर
इन्द्र लोक की परियों सी, तुम रात चाँदनी का मधुबन
राधा सी मुस्कान तेरी आँखें तेरी वृंदावन

पावन गंगा शीतल सी तपिश तुम्हारी अग्नि सी
चाल मोरनी के जैसी आँखें तेरी मृग्नयनी सी
मुझसे मिलने आजाओ तोड़ के दुनिया के बंधन
राधा सी मुस्कान तेरी आँखें तेरी वृंदावन
भीग गये मेरे तन मन तेरी आँखों का सावन

नूर - प्रकाश

18. एक ख़्वाब लिखा है

मैंने अपनी कविता में एक ख़्वाब लिखा है
तेरी मेरी आँखों का संबाद लिखा है

मेरे दिल में तू है बस तेरा हक़ है
दिल की धड़कन को तेरी आवाज़ लिखा है
मैंने अपनी कविता में एक ख़्वाब लिखा है

खो देने का दर्द बहुत तड़पाता है
पाने की चाहत को मैंने बेताब लिखा है
मैंने अपनी कविता में एक ख़्वाब लिखा है

तेरी बाँहों में आकर महसूस हुआ जो
साँसों की गर्मी को मैंने आग लिखा है
मैंने अपनी कविता में एक ख़्वाब लिखा है

मेरे जितना प्यार कोई कर पायेगा क्या
आने वाले कल का मैंने इतिहास लिखा है
मैंने अपनी कविता में एक ख़्वाब लिखा है

१९. तुमको ख़्वाबों में लाकर

कहने को तो प्रेम शब्द में होते बस ढाई आखर
डूबे तो एहसास हुआ इतना गहरा जैसे सागर

तेरा कोई दोष नहीं था बस हमको ही होश नहीं था
अपनी नींद गँवा बैठे तुमको ख़्वाबों में लाकर
डूबे तो एहसास हुआ इतना गहरा जैसे सागर

जब प्रेम में दिल खो जाता है बिश्वास हमें हो जाता है
धोखा देने वाले लोग, गए थे मुझसे हाथ मिलाकर
डूबे तो एहसास हुआ इतना गहरा जैसे सागर

लीडर कितने वादे करते हैं देश प्रेम की दम भरते हैं
दीमक के जैसा चाट गए संविधान की कसमें खाकर
डूबे तो एहसास हुआ इतना गहरा जैसे सागर

देश की ये कैसी सेवा है दोनों हाथों में मेवा है
रिश्वत लेने वाले लोग मंदिर जाते रोज नहाकर
डूबे तो एहसास हुआ इतना गहरा जैसे सागर

राधा ने इतना प्यार किया कान्हा पे सब कुछ वार दिया
प्रेम की ये परिभाषा है सब कुछ छोड़ा तेरी ख़ातिर
डूबे तो एहसास हुआ इतना गहरा जैसे सागर

माँ की ममता निर्मल है मन फूलों सा कोमल है
घर जन्नत हो जाएगा जो रखोगे माँ को पास बुलाकर
डूबे तो एहसास हुआ इतना गहरा जैसे सागर

20. आशाओं के दीप

अरमानों के गलियारों में आशाओं के दीप जलाता रहता हूँ
इच्छाओं के सागर में उम्मीदों की नाव चलाता रहता हूँ
यार हुआ नाराज़ मेरा मैं उसे मनाता रहता हूँ

आगे बढ़ने की चाहत में रिश्ते कैसे बदनाम हुए
चाचा ताऊ मामा के लड़के जैसे पाकिस्तान हुए
रिश्तों में नरमाहट रखने मैं मिलने आता जाता रहता हूँ
अरमानों के गलियारों में आशाओं के दीप जलाता रहता हूँ

काबा काशी दूर बहुत है मंदिर मस्जिद में भीड़ बहुत है
मैं रोज़ सुबह उठकर नियम से माँ के पैर दबाता रहता हूँ
अरमानों के गलियारों में आशाओं के दीप जलाता रहता हूँ

रिश्तों में अपनापन रखना, लोगों के सपने सच करना
उसकी रहमत तुम पर बरसेगी मैं यकीन दिलाता रहता हूँ
अरमानों के गलियारों में आशाओं के दीप जलाता रहता हूँ

जात-पात से ऊपर उठकर कभी तो सोचो इंसान बनकर
भूख गरीबी मिट जाएगी देश में खुशहाली आएगी
मेरे सपनों का भारत कैसा हो मैं गुजरात दिखाता रहता हूँ
अरमानों के गलियारों में आशाओं के दीप जलाता रहता हूँ

देश में ऐसा एका हो ना कभी किसी ने देखा हो
देश में एक ही नारा हो हम सब में भाईचारा हो
मैं अबीर गुलाल हाथ में लेकर ईद मनाता रहता हूँ
अरमानों के गलियारों में आशाओं के दीप जलाता रहता हूँ

21. कोई वादा नहीं किया

इश्क़ इतना भी ज्यादा नहीं किया
मैंने उससे कोई वादा नहीं किया

इश्क़ में दोनों की शायद मंज़ूरी थी
मिलने पर वक़्त को ज़ाया नहीं किया

तनहाई रात में बातें करती है
आपने शायद रतजागा नहीं किया

प्रेम की अग्नि से तुम कब के जल जाते
दिल की आग को हमने लावा नहीं किया

रोज़ ख़्वाब में मुझसे मिलने आती हो
एक रात भी तुमने नागा नहीं किया

धरती मेरा बिस्तर अंबर चादर है
संपत्ति पर कोई दावा नहीं किया

बस माँ को हिस्से में लेकर के लौटा हूं
बँटवारे में आधा आधा नहीं किया

अपने ग़म को अपने अंदर रखता हूं
दर्दे दिल का कभी तमाशा नहीं किया

ज़ाया - व्यर्थ

22. इश्क़ तुमसे है कितना

इश्क़ तुमसे है कितना बताता मैं कैसे
दिल की धड़कनों को सुनाता मैं कैसे

आरज़ू है कटे उम्र बाँहों में तेरी
अजब सी कशिश है निगाहों में तेरी
तुझसे नज़रें मिला के चुराता मैं कैसे
इश्क़ तुमसे है कितना बताता मैं कैसे

मोहब्बत का तेरी ये कैसा असर है
इश्क़ में डूबने का मज़ा इस कदर है
फिर खुद को भँवर से बचाता मैं कैसे
इश्क़ तुमसे है कितना बताता मैं कैसे

मेरे ख़यालों के महताब तुम हो
मेरी नींद के सभी ख्वाब तुम हो
जो सोया तो खुद को जगाता मैं कैसे
इश्क़ तुमसे है कितना बताता मैं कैसे

सदा ख़ुश रहो तुम कोई गम ना हो
नूर की रोशनी चेहरे से कम ना हो
मोहब्बत की शमा को बुझाता मैं कैसे
इश्क़ तुमसे है कितना बताता मैं कैसे

रिश्ते नाते मोहब्बत सभी तोड़ दूं
उसने वादा लिया मैं उसे छोड़ दूं
ऐसे वादे वफ़ा के निभाता मैं कैसे
इश्क़ तुमसे है कितना बताता मैं कैसे

महताब - चाँद
शमा   - दीया

23. ग़ज़लें लिखना भूल गए

कोई पूछे तो बस कह देना हम बातें करना भूल गए
तेरी याद में ऐसे खोये हम ग़ज़लें लिखना भूल गए

कुछ पल तेरा साथ रहा फिर मत पूछो क्या हाल रहा
जबसे तुम से जुदा हुए हम खुल कर हँसना भूल गए
तेरी याद में ऐसे खोये हम ग़ज़लें लिखना भूल गए

ख़त लिखा जाग के रातों में फ़िर सूखे फूल किताबों में
तुम बिन मेरी बगिया के फूल महकना भूल गए
तेरी याद में ऐसे खोये हम ग़ज़लें लिखना भूल गए

कुछ ऐसे तुझमें शामिल थे तू कश्ती थी हम साहिल थे
इस बार जब वो मिलने आये बाँहों में भरना भूल गए
तेरी याद में ऐसे खोये हम ग़ज़लें लिखना भूल गए

नज़रें जमा कर बैठे हैं हम उम्मीद लगा कर बैठे हैं
कब होगी आहट आने की हम सोना जगना भूल गए
तेरी याद में ऐसे खोये हम ग़ज़लें लिखना भूल गए

24. आँसू निकाल के

आँसू निकाल के समुन्दर में डाल के
हमने उसे नमकीन कर दिया
बात कड़वी ना थी चुभने वाली ना थी
पर लहज़े ने तेरे ग़मगीन कर दिया

तुझको पाने की ख़ातिर बग़ावत हुई
जुर्म ऐसा भी क्या संगीन कर दिया

दिल की बाज़ी में लुट के जब दोनों मिले
ऐसे हालात ने हमनशीन कर दिया

फ़लक पर बैठने की थी चाहत तेरी
आसमाँ को पटक कर ज़मीन कर दिया

तेरी दलीलों में वैसे कोई दम न थी
पर तूने कहा आमीन कर दिया

उसके धोखे भी मुझको अच्छे लगे
खा के झूठी कसम मुतमइन कर दिया

अपनी तन्हाइयों के जो किस्से कहे
शाम-ए-महफ़िल को ऐसे रंगीन कर दिया

हमनशीन   -   जोड़ीदार, पक्के दोस्त
फ़लक   -   आकाश
आमीन   -   समर्थन करना
मुतमइन   -   भरोसा होना, निश्चिन्त होना

25. क्यों आँख नम है

छोड़ के घरबार को
आए हो पाने प्यार को
फिर तेरी क्यों आँख नम है

यह ज़िंदगी है नाम तेरे
सारा जहाँ कुर्बान तेरे
जब हम तेरे हमदम सनम हैं
फिर तेरी क्यों आँख नम है

माना दिल ग़मों से चूर है
सुख का किनारा दूर है
जब इस नाव की पतवार हम हैं
फिर तेरी क्यों आँख नम है

क्या ढूँढ़ती हो आसमाँ में,
खो गए तुम किस जहाँ में
तेरे जीवन का आधार हम हैं
फिर तेरी क्यों आँख नम है

यू डर जाओगे हालात से
घबराओगे संसार से
गुजरे अभी तो चंद लम्हे
रहना हमें सातों जनम है
फिर तेरी क्यों आँख नम है

26. इश्क़ प्यासा रहा

दिल दर्द का दरिया रहा और इश्क़ प्यासा रहा
प्यार दोनों ने किया हम पर असर ज्यादा रहा

ये शोहरतें, इनाम, ओहदे बिन तेरे सब यूँ लगे
जैसे सितारों की चमक में मन चाँद सा आधा रहा

बस फोन पर हालचाल मेरा पूछ लेते हैं कभी
वो सफ़र में साथ होंगे क्या ग़ज़ब वादा रहा

रंग खुशबू फूल कलियाँ यूँ तो चमन में थी बहुत
पर बिन तेरे जीवन मेरा बेरंग और सादा रहा

27. तुझ से मोहब्बत

तुझ से मोहब्बत मेरे दीन-ओ-ईमान में रही
तुझसे मिलने की चाहत मेरी अज़ान में रही

अपने पिता का हाथ चलियेगा थाम कर
जब तक बँधी थी डोर पतंग आसमान में रही

इश्क़ हो या जंग समझौता नहीं किया
दुश्मनी हमारी ऊँचे खानदान में रही

ऊँचे मकान वालो किस बात का गुरूर
दो गज ज़मीन सब की कब्रिस्तान में रही

दीन-ओ-ईमान - दृढ़ विचारधारा
अज़ान   - पुकारना

इश्क़ तो किया था...

28. याद करते हो

पुरानी याद जब कोई तेरी नींदें उड़ा जाये
समझ लेना अभी भी तुम हमीं को याद करते हो

कोई तस्वीर पुरानी तेरी धड़कन बढ़ा जाये
समझ लेना अभी भी तुम हमीं को प्यार करते हो

मेरे घर से गुजरने पर कदम गर लड़खड़ा जाये
समझ लेना अभी भी तुम मेरा इंतज़ार करते हो

मेरे ख़त को अकेले में कभी फिर से पढ़ा जाये
समझ लेना अभी भी खुद को बेक़रार करते हो

मेरी खातिर कोई मूंगा अँगूठी में जड़ा जाये
समझ लेना अभी भी तुम मेरा ऐतबार करते हो

29. काँटों का दामन

फूल के संग काँटों का दामन
बड़ा बुरा सा लगता है
शहर में खुशियाँ दिल में मातम
जी भरा भरा सा रहता है

कितने सपने ओढ़ लिए थे
कितने रिश्ते जोड़ लिए थे
बिन तेरे दुनिया की रंगत
सब जरा जरा सा लगता है

सोचता हूं हर बात बता दूं
प्यार का में एहसास करा दूं
पर कागज़ की कश्ती और समुंदर
मन डरा डरा सा लगता है
फूल के संग काँटों का दामन
बड़ा बुरा सा लगता है

30. फ़ैसला सुना दो

ख़ता गर हुई है तो बाज़िब सजा दो
हश्र जो भी रहे पर फ़ैसला सुना दो

मेरी धड़कनों की आवाज तुम हो
मेरी आरजू के बस परबाज़ तुम हो
आसमाँ पर बिठा दो ज़मीं पर गिरा दो
हश्र जो भी रहे पर फ़ैसला सुना दो

मेरे जिस्मो-जाँ अब तेरी मिल्कीयत है
बात करना न करना तेरी शख़्सियत है
दरमियाँ कुछ बचा है तो आके जता दो
हश्र जो भी रहे पर फ़ैसला सुना दो

मोहब्बत का अंजाम आग़ाज़ तुम हो
मैं जानता हूं मुझसे नाराज़ तुम हो
वज़ह क्या रही आखिर ये तो बता दो
हश्र जो भी रहे पर फ़ैसला सुना दो

बाज़िब - उचित
परवाज़ - उड़ान
आग़ाज़ - शुरुआत

31. आसमान को छूना है

आसमान को छूना है तो पंख खोल उड़ना पड़ता है
आभूषण बनने से पहले सोने को गलना पड़ता है
ख़ुद की पहचान बनानी हो तो किरदार बड़ा करना पड़ता है

काली परतें दीपक पर संघर्ष की गाथा कहती है
घनघोर रात में दिये को अँधेरों से लड़ना पड़ता है
ख़ुद की पहचान बनानी हो तो किरदार बड़ा करना पड़ता है

एक शिक्षक का जीवन भी शिल्पकार जैसा होता है
टेढ़े मेड़े पत्थर को मूर्ति में गढ़ना पड़ता है
ख़ुद की पहचान बनानी हो तो किरदार बड़ा करना पड़ता है

निर्मलता को इस दुनिया में अक्सर परखा जाता है
रघुनन्दन की सीता को अग्नि पे चलना पड़ता है
ख़ुद की पहचान बनानी हो तो किरदार बड़ा करना पड़ता है

जितना संघर्ष कड़ा होगा उतना नाम बड़ा होगा
छोड़ के साहिल कश्ती को तूफ़ानों से लड़ना पड़ता है
ख़ुद की पहचान बनानी हो तो किरदार बड़ा करना पड़ता है

आईना समाज का

32. बिंदी कुमकुम मेहँदी हो तुम

बिंदी कुमकुम मेहँदी हो तुम
फिर भी ताने सहती हो तुम

अपनी खुशियाँ मार के जीना
भूल गए सब खाना पीना
सबकी चिंता करती हो तुम
फिर भी ताने सहती हो तुम

मम्मी, बहना, पत्नी बनकर
हर फर्ज निभाया आगे बढ़ कर
हर रूप में कितनी जँचती हो तुम
फिर भी ताने सहती हो तुम

चुका नहीं सकते हम कर्ज़ा
भगवान से ऊपर माँ का दर्जा
गंगा बनके बहती हो तुम
फिर भी ताने सहती हो तुम

घर का वंश चलाने वाली
कदम से कदम मिलाने वाली
कितने बंधन में रहती हो तुम
फिर भी ताने सहती हो तुम

घर स्वर्ग से भी प्यारा लगता है
तुमसे उजियारा लगता है
मेरे घर की लक्ष्मी हो तुम
फिर भी ताने सहती हो तुम

बहू घर की इज्जत होती है
फिर ससुराल में क्यूँ रोती है
दहेज के नाम पे मरती हो तुम
कितना सब कुछ सहती हो तुम
बिंदी कुमकुम मेहँदी हो तुम
फिर भी ताने सहती हो तुम

33. अय्यारी

यारी में कितनी अय्यारी सीख गये
लगता है तुम दुनियादारी सीख गये

पिता का साया चला गया तो नन्हे बच्चे
दुनिया भर की ज़िम्मेदारी सीख गये

कोरोना से नोट कमाने वाले सुन
सचमुच में कालाबाज़ारी सीख गये

पिता की आँखें बंद हुई तो सारे बच्चे
बंटवारे में हिस्सेदारी सीख गये

सर्जिकल स्ट्राइक के सबूत मांगने वालो
तुम देश की माटी से गद्दारी सीख गये

भोलापन गाँव की मिट्टी में मिलता है
शहर में रह के सब होश्यारी सीख गये

प्यार में धोखा देना और बता देना
तुम आला दर्जे की मक्कारी सीख गये
यारी में कितनी अय्यारी सीख गये
लगता है तुम दुनियादारी सीख गये

अय्यारी - छल कपट

34. आँखों का क्या नाम लिखा

गीत गज़ल में शायर ने आँखों का क्या नाम लिखा
किसी ने उसको नशा लिखा किसी ने इसको जाम लिखा
मैंने राधा की आँखों को मुरलीधर की तान लिखा
मैंने मीरा की आँखों को गिरिधर की पहचान लिखा
रघुनंदन की आँखों को मर्यादा पुरुषोत्तम राम लिखा
मैंने सीता की आँखों को नारी का सम्मान लिखा
रानी लक्ष्मी की आँखों को आज़ादी का संग्राम लिखा
भगत सिंह की आँखों को देश प्रेम बलिदान लिखा
हरिश्चन्द्र की आँखों को सत्य और निष्ठावान लिखा
मैंने सावित्री की आँखों को सत्यवान के प्राण लिखा
मैंने माँ की आँखों को ममता का सागर लिखा
मैंने बहन की आँखों को घर की इज़्ज़त आदर लिखा
मैंने पत्नी की आँखों को घर की परिभाषा लिखा
मैंने बिटिया की आँखों को अपनी अभिलाषा लिखा
मैंने पिता की आँखों को जीवन का विश्वास लिखा
मैंने भाई की आँखों को हिम्मत का एहसास लिखा
मैंने लोगों की आँखों का पानी मरते देखा है
सत्ता के लालच में देश के टुकड़े करते देखा है
मैंने आँखों में प्यार भी देखा और उदासी देखी है
आँखें दर्पण होती हैं आँखें सब कुछ कह देती हैं

35. सालों के बाद आया है

काम पड़ने पर आज सालों के बाद आया है
सुना है दिये से मिलने आफ़ताब आया है
पड़ोसी, दोस्त, रिश्तेदार सब नाम के निकले
मुसीबत में बताओ कौन किसके काम आया है
खुद के हौसलों की दम से दरिया पार होता है
फंसे मझधार में किसका मदद को हाथ आया है
ज़रा से फायदे की चाह में ईमान खो बैठा
जिसे मरहम लगाए बदले में वो घाव लाया है
सभी रिश्ते बिगाड़े तूने अपने भाई बहनों से
घर के बँटवारे में ये कैसी जायदात लाया है
सुना है दोस्ती की नींव को कमज़ोर करती है
जब जब दोस्ती के बीच में हिसाव आया है
मोहब्बत, दिल्लगी, वादे बफ़ा तूने भुला डाले
बता दे तेरी चिट्ठी में अब क्या पैगाम आया है

36. तूफ़ानों को चुनौती

तूफ़ानों को चुनौती कश्तियाँ देती रही
मेरे देश की माटी ऐसी हस्तियाँ देती रही

मज़हवी रंग उसपर सियासत,ख़ून की होली हुई
दंगों में जलने की दुहाई बस्तियाँ देती रही

नाबालिग के रेप की न्यूज़ कुछ ऐसे दिखाई
दिन भर टीवी पर सुनाई सिसकियाँ देती रही

आतंकबाद पाकिस्तान से फूलता फलता रहा
पिछली सरकारें बस गीदड़ भभकियां देती रही

जगा के रात में माँ को बच्चे ने घर से निकाला था
जिसे रात भर माँ जाग के थपकियाँ देती रही

सियासत - राजनीति

37. हिंदी मेरी माता है

हिंदी मेरी माता है मैं देश को हिंदुस्तान कहूँ
उर्दू मेरी मौसी है ग़ज़ल को अपनी जान कहूँ

गीत ग़ज़ल में लिखता हूं शब्द कहूँ अलफ़ाज़ कहूँ
आसमान को छूना है उड़ान कहूँ परवाज़ कहूँ
सबका एक ही मालिक है अल्लाह बोलूं या राम कहूँ
हिंदी मेरी माता है मैं देश को हिंदुस्तान कहूँ

बिलकुल वैसा दिखता है जिसका चेहरा जैसा है
तेरे घर में आईना मेरे घर में शीशा है
जैसी करनी वैसी भरनी परिणाम कहूँ अंजाम कहूँ
हिंदी मेरी माता है मैं देश को हिंदुस्तान कहूँ

भारत मेरी माटी है घमंड कहूँ या गुरुर कहूँ
घर में प्यारी सी बिटिया मैं परी कहूँ या हूर कहूँ
हिन्दू तेरे भजन कहूँ या मोमिन तेरी अज़ान कहूँ
हिंदी मेरी माता है मैं देश को हिंदुस्तान कहूँ

जिस पर दुनिया कायम है उम्मीद कहूँ या आश कहूँ
रखे हैं बच्चों की ख़ातिर रोज़े बोलूं उपवास कहूँ
हम बने एक ही मिट्टी से मानव बोलू इंसान कहूँ
हिंदी मेरी माता है मैं देश को हिंदुस्तान कहूँ

मेहनत से पूरी होगी मन्नत बोलूं या मुराद कहूँ
भारत माँ के लाल हैं दोनों अशफ़ाक़ कहूँ आज़ाद कहूँ
मानवता का सार लिखा है गीता बोलूं या कुरान कहूँ
हिंदी मेरी माता है मैं देश को हिंदुस्तान कहूँ
उर्दू मेरी मौसी है ग़ज़ल को अपनी जान कहूँ

परवाज़ - उड़ान
हूर   - स्वर्ग की अप्सरा

38. मतलब की इस दुनिया में

मतलब की इस दुनिया में हम मतवालों का काम नहीं
इंसानों की बस्ती में अब कोई भी इंसान नहीं

हरे-भरे जंगल को तुमने टुकड़ों टुकड़ों में काट दिया
पैसों के लालच में तुमने प्लाट बनाकर बाँट दिया
अरे पेड़ों के हत्यारे सुन लो बेजुबान थे पर बेजान नहीं
इंसानों की बस्ती में अब कोई भी इंसान नहीं

कुत्ते बिल्ली चमगादड़ तुम सबको मार के खाते हो
किस मुँह से फिर मंदिर में रहमत का दिया जलाते हो
नीच अधर्मी पापी सुन लो तुम सा कोई शैतान नहीं
इंसानों की बस्ती में अब कोई भी इंसान नहीं

खुदगर्जों चीनी तुमको तनिक मात्र भी लाज नहीं
पर ऊपर वाले की लाठी में कहते हैं आवाज़ नहीं
ऐसी मौत मरोगे तुम अपनों को तरसोगे तुम
लाशों का अंबार न हो ऐसा कोई मैदान नहीं
इंसानों की बस्ती में अब कोई भी इंसान नहीं

बेघर परिवारों की आहें चीन तुझे धिक्कारेगी
लाशों के सौदागर सुन ले दुनिया तुझे नकारेगी
अब खुदा तुम्हारे साथ नहीं तू क़ातिल है नादान नहीं
इंसानों की बस्ती में अब कोई भी इंसान नहीं
मतलब कि इस दुनिया में हम मतवालों का काम नहीं

रहमत - दया

39. औलाद

बेटे को बस बाप की जायदाद चाहिये
अफ़सोस मन्नत मांगी थी औलाद चाहिये

क्या गज़ब बँटवारा हुआ भाईयों में
माँ नहीं चाहिये माँ के जेबरात चाहिये
अफ़सोस मन्नत मांगी थी औलाद चाहिये

बहु घर में आयी गुंजाइश चली गई
घर में अब नये दरो दीवार चाहिये
अफ़सोस मन्नत मांगी थी औलाद चाहिये

घर के मनमुटाव कचहरी पहुँच गये
सगे भाई को भाई से हिसाब चाहिये
अफ़सोस मन्नत मांगी थी औलाद चाहिये

इश्क़ तो किया था...

40. एक छोटी सी बात

एक छोटी सी बात किसी की दीवाना कर देती है
एक छोटी सी बात सभी को बेगाना कर देती है

एक छोटी सी बात किसी की आँखें नम कर जाती है
एक छोटी सी बात शख़्सियत नज़रों से गिर जाती है

एक छोटी सी बात किसी की दिल को यूँ चुभ जाती है
चलते चलते संबंधों की घड़ी वहीं रुक जाती है

एक छोटी सी बात किसी की ज़ख़्म हरा कर देती है
एक छोटी सी बात किसी की ज़ख़्मों को हर लेती है

एक छोटी सी बात किसी की जुनून जिगर में भर देती है
एक छोटी सी बात किसी की महाभारत कर देती है

41. वक़्त के मरहम

वक़्त के मरहम भी कुछ करते नहीं
कुछ ज़ख्म जीवन में कभी भरते नहीं

देश के हालात पर चर्चायें घंटों हुई
पर धूप में मतदान करने लोग निकलते नहीं
वक़्त के मरहम भी कुछ करते नहीं

झूठ का ख़ंजर पकड़ के तुम सच को डराने चल दिए
कितनी भी तेज धूप हो पत्थर पिघलते नहीं
वक़्त के मरहम भी कुछ करते नहीं

आ गई घर में बहु बहुत धनी परिवार से
दहेज में सब कुछ मिला ख़यालात बस मिलते नहीं
वक़्त के मरहम भी कुछ करते नहीं

एक मजनू पिट गया जब से सरे बाज़ार में
तब से शमा को देखकर परवाने मचलते नहीं
वक़्त के मरहम भी कुछ करते नहीं

आस्तीनें मोड़ के मेहनत करो जी तोड़ के
सिर्फ आसमाँ को देखने से तारे कभी मिलते नहीं
वक़्त के मरहम भी कुछ करते नहीं
कुछ ज़ख्म जीवन में कभी भरते नहीं

42. चढ़ता सूरज

चढ़ता सूरज तो देख लिया है
अब सूरज को तू ढलते देख
खरगोश की चाल समझ ली तूने
अब कछुए को भी चलते देख

लेकर इज़्ज़त दौलत शोहरत
दुनिया पर तूने करी हुकूमत
सोने चाँदी की चमक तो देखी
अब चिता को भी तू जलते देख
चढ़ता सूरज तो देख लिया है
अब सूरज को तू ढलते देख

कुछ अच्छे लोगों में रहकर
तू समझे दुनिया कितनी बेहतर
अरे गिरगिट को रंग बदलते देखा
अब लोगों को रंग बदलते देख
चढ़ता सूरज तो देख लिया है
अब सूरज को तू ढलते देख

43. हमने बुजुर्गों से सुना है

अकेला जो कई तूफ़ान से लड़के बना है
नहीं ताज्जुब जरा भी पेड़ क्यूँ इतना घना है

बारिश धूप सर्दी गर्मीयां जिसने सही हों
वही फलदार होगा हमने बुजुर्गों से सुना है

वहीं पर स्वक्षता के पोस्टर चिपके हुए हैं
जिस दीवाल पे लिखा था गन्दा करना मना है

अब सरकार से उम्मीद करना बेफजूली है
गुंडे बदमाश को तुमने अपना नेता चुना है

44. असली होली

रंग प्रेम का चढ़ जाये और मन से मन जब जुड़ जाये
तो समझो असली होली है
देश प्रेम की भांग को पीकर अगर ख़ुमारी बढ़ जाए
तो समझो असली होली है

छोटे से जीवन में हमने कितने दुश्मन पाल लिये
जीवन की राहों में हमने कितने रोड़े डाल लिये
हृदय के अंतरमन से गर द्वेष इर्षा मिट जाये
तो समझो असली होली है

राधा मीरा का जीवन निश्वार्थ प्रेम बतलाते हैं
शबरी के बेरों को खाने प्रभु कुटिया तक जाते हैं
अपने और पराये का भेद हृदय से मिट जाये
तो समझो असली होली है

कुछ और नहीं सबसे पहले एक अच्छे इंसान बनो
ऐसे काम करो जीवन में देश का तुम अभिमान बनो
देख के भूखे बच्चे को हृदय करुणा से भर जाये
तो समझो असली होली है
रंग प्रेम का चढ़ जाये और मन से मन जब जुड़ जाये
तो समझो असली होली है

45. तबियत

तबियत हमारी पहली तबियत सी नहीं रही
किसको बतायें अब वो शख़्सियत नहीं रही

गाड़ी मकान नौकर सब कुछ है शहर में
माता पिता की बच्चों पे मिल्कियत नहीं रही

देख के हुनर बकील का सब दंग रह गये
हकीकत बताई ऐसे कि हकीकत नहीं रही

झूठ ऊँचे भाव में यूँ झट से बिक गया
सच्चाई की बाज़ार में कीमत नहीं रही

कितने अज़ीमो प्रेम से मिलता था वो मुझे
बस काम निकलते ही अहमियत नहीं रही

शहर कि चकाचौंध में उलझे हैं इस कदर
माँ बाप कि बच्चों के लिये नसीहत नहीं रही

इस " मैं " की दौड़ ने सबको अंधा बना दिया
पड़ोसी की पड़ोसी से ख़ैरियत नहीं रही

46. जिंदगी उजाड़ देता है

कबूतर अपने घर की छत को बिगाड़ देता है
एक गलत फ़ैसला जिंदगी उजाड़ देता है

फ़क़ीरी की ज़िन्दगी का अपना अलग मज़ा है
ऊपर वाला रोज़ मेरे लिये रोटी जुगाड़ देता है

उसने पुराने कपड़े आज नौकर को दे दिये
मालिक अक्सर दान में घर का कबाड़ देता है

बुलंदियों को छूने में जो ज़मीं से अलग हुऐ
तूफ़ान ऐसे दरख़्तों को जड़ से उखाड़ देता है

47. जो दर्दे दिल का सबब हैं

जो दर्दे दिल का सबब हैं वो ही दवा देते हैं
दिये को हौसला देने वाले चुपके से हवा देते हैं

तेरे रोज़ रोज़ के तानों से उकता गया हूं मैं
मेरी खताओं की सज़ा कितनी दफा देते हैं

शहर में रह कर हमने एक बात सीखी है
मदद कोई नहीं करता सब मशवरा देते हैं

बड़े शहर के ये चलन रीति रिवाज़ कैसे हैं
शोहरत पाने के लिए लोग इज़्ज़त भी गँवा देते हैं

खुदा बचा कर रखे इन सियासत दारों से
आस्तीन के साँप हैं दूध पीके दगा देते हैं

मसले होते नहीं सियासत में बनाये जाते हैं
फिर इन्क्वारी बिठा कर मसलों को दबा देते हैं

सबब - कारण

इश्क़ तो किया था...

48. खरा बोलता हूँ

महफ़िल में अक्सर ज़रा बोलता हूँ
मैं जब बोलता हूं खरा बोलता हूँ

जो हक़ीक़त है मैं बस बही बोलता हूँ
लोग जलते है क्यूँ मैं सही बोलता हूँ
ख़ाली को ख़ाली भरे को भरा बोलता हूँ
मैं जब बोलता हूं खरा बोलता हूँ

गीदड़ भभकी से तेरी मैं डर जाऊँगा
उसको लगता था मैं भी बिखर जाऊँगा
नीले को नीला हरे को हरा बोलता हूँ
मैं जब बोलता हूं खरा बोलता हूँ

देश मेरा है मुझे देश से प्यार है
तुम राजनीति करो तुम्हारा व्यापार है
ज़िंदा को ज़िंदा मरे को मरा बोलता हूँ
मैं जब बोलता हूं खरा बोलता हूँ

49. आईना

सच कह दिया क्यों आपने रिश्ते बिखर गये
आईना रखा जो सामने चेहरे उतर गये

पतवार हौसलों की लेकर खड़े हैं हम
चीर के तूफ़ान को आगे बड़े हैं हम
वो क्या लड़ेंगे हमसे जो लहरों से डर गये
सच कह दिया क्यों आपने रिश्ते बिखर गये

राजनीति करना छोड़ दे लोगों की जात पर
सच सुनने की हिम्मत है तो आके बात कर
बस साँसें चल रही हैं इनके ज़मीर मर गये
सच कह दिया क्यों आपने रिश्ते बिखर गये
आईना रखा जो सामने चेहरे उतर गये

ज़मीर - आत्मा, अंत:करण

50. ज़िंदगी का सबक

मुझे ज़िंदगी का सबक सिखाते हैं ज़माने वाले
अक्सर मुस्कुरा कर मिलते हैं फंसाने वाले

लगाकर मेरे घर में आग मुझ को तसल्ली देते हैं
ऐसे नेता हैं मेरे देश को चलाने वाले

इश्क़ तो ज़रूर करना पर हद से मत गुजरना
यूँ तो हर मोड़ पर मिलेंगे तुमको बहकाने वाले

यूँ तो कई समुंदर पार किए हैं तैर कर हमने
मुझको दरिया की गहराई बताते हैं
किनारे पर बैठकर नहाने वाले
मुझे ज़िंदगी का सबक सिखाते हैं ज़माने वाले

51. हमने हिंदुस्तान बनाया

हमने हिंदुस्तान बनाया तुमने कैसा कर डाला
सत्य अहिंसा के झंडे को झूठ फ़रेब से भर डाला

भारत माँ के आँगन में हम सब मिलकर खेलेंगे
भूखे रहीम राम के घर से दूध सिमैया ले लेंगे
जात पात की ईंट लगाकर घर में बँटवारा कर डाला
हमने हिंदुस्तान बनाया तुमने कैसा कर डाला

हिंदू मुस्लिम देश नहीं है मानव का कोई भेष नहीं है
अपनों का लहू बहा करके भारत माँ को शर्मिंदा कर डाला
हमने हिंदुस्तान बनाया तुमने कैसा कर डाला

कई बहनों की राखी टूटी कई हाथों की चूड़ी फूटी
पिता ने चिता जलाई थी जब माँ ने कोख गवाई थी
कई वीरों का वलिदान हुआ तब आज़ाद ये हिंदुस्तान हुआ
भगत सिंह और विसमिल के भारत को मैला कर डाला
हमने हिंदुस्तान बनाया तुमने कैसा कर डाला
सत्य अहिंसा के झंडे को झूठ फरेब से भर डाला

52. एक कप चाय

उफ़्फ़ कितनी ठंडी हवा चली है
ऊपर से दिल में आग लगी है
कहीं सर्द गरम ना हो जाए
चलो एक कप चाय हो जाए

साहब कुर्सी पर बैठे हैं
जैसे घर का बिस्तर है
बिन पैसों के कुछ नहीं होता
ये सरकारी दफ़्तर है
फ़ाइल इधर उधर न हो जाए
चलो एक कप चाय हो जाए

देश में कैसा लोकतंत्र है
जनता को ठगना मूल मंत्र है
चाहे देश के टुकड़े हो जाएं
बोटर नाराज़ न हो जाए
चलो एक कप चाय हो जाए

53. मंत्री को आवाज़ लगाई

चापलूसी की सीढ़ी चढ़ के मंत्री को आवाज़ लगाई
मन्नत पूरी हो जाती गर सच्चे मन से धोक लगाई

सब अपने में सिमट गये मोबाइल से लिपट गये
युवा देश के बिजी हो गये अच्छी जियो की सिम आयी

वोई सब ख़बरें वोई अख़बार हिन्दू मुस्लिम अत्याचार
सारे चैनल बिके बिकाये झूठी सच्ची ख़बर दिखाई

बारिश की वे बाट जोह रहे बैठ के किस्मत पे रो रहे
सूखे से जब फ़सल पिट गई, क्या दिसंबर क्या जुलाई

चीन पाक से हो रई मचमच मिडिल क्लास की अपनी गचपच
रिश्ते नाते दुनियादारी, ऊपर से इतनी महँगाई

चापलूसी की सीढ़ी चढ़ के मंत्री को आवाज़ लगाई
मन्नत पूरी हो जाती गर सच्चे मन से धोक लगाई

54. नीयत को पाक साफ़ रख

नीयत को पाक साफ़ रख गड़बड़ी न कर
ऐ दोस्त मोहब्बत में धोखाधड़ी न कर

ऊँचा मुकाम पाना खाली तेरा हुनर नहीं
माँ की भी दुआएं हैं बातें बड़ी बड़ी न कर

आँखें बंद करके दिल से याद कर के देख
मिल जायेगा ख़ुदा भी यूं हड़बड़ी न कर

मदद कर के आपने सबको जता दिया
आदत बुरी है इसको यूं हर घड़ी न कर

बुजुर्गों के तजुर्बे की नसीहत नहीं सुनी
उम्र भर पछताओगे, घुड़चढ़ी न कर

घर में सुकून चाहिये तो सुन के भूल जा
छोटी छोटी बातों की तू बतंगड़ी न कर

55. हाथों से शजर जायेगा

आज महंगा है कल भाव उतर जायेगा
टमाटर फिर से ठेले पर नज़र आयेगा

गुरुर ना कर आसमा को छूने वाले
जहाज़ का पंछी उड़ के किधर जायेगा

बुलंदियों पर अगर पैर जमा के नहीं चला
फिसला तो कांच की तरह बिखर जायेगा

एकलव्य की तरह अभ्यास कीजिये
देखते ही देखते हुनर और निखर जायेगा

सिकंदर की कब्र देख के एहसास हो गया
दो गज ज़मीन होगी जब दुनिया से गुज़र जायेगा

देश की जड़ों को और मजबूत कीजिये
वरना घोंसला तो छोड़िये हाथों से शजर जायेगा

शजर - पेड़

जीवन की प्रेरणा

56. अगर हौसला नहीं है

अगर हौसला नहीं है हिम्मत नहीं है
समझ लेना अच्छी किस्मत नहीं है

मेहनत करोगे तभी कुछ मिलेगा
सफलता किसी की बसीयत नहीं है

पीढ़ी दर पीढ़ी बस गुलामी करोगे
जुल्म से लड़ने की गर ताकत नहीं है

जंग का नाम सुनते ही घबरा गए वो
ताज पहनने की तेरी हैसियत नहीं है

खुद को तराशो और साबित करो
वरना सब कहेंगे क़ाबिलियत नहीं है

बदन देख कर जो चाहत जगी है
देह का आकर्षण है मोहब्बत नहीं है

गलत काम करने पर दोज़ख़ मिलेगा
खुदा का फैसला है तेरी अदालत नहीं है

दोज़ख़ - नरक

57. इंतज़ार कीजिए

तूफ़ानों से लड़के ख़ुद को तैयार कीजिए
फिर दुनिया सुनेगी बात इंतज़ार कीजिए

नुमाइश के बाजार में बस रोशनी की क़द्र है
कीमत मिलेगी ख़ुद को चमकदार कीजिऐ

अब जल उठे चिराग़ तो बुझने नहीं वाले
कोई जाके हवाओं को ख़बरदार कीजिए

ख़ुद भगवान चलके घर पर आयेंगे देखना
राधा के जैसा ख़ुद को तलबगार कीजिए

खादी पहन के देश की जागीर लूट ली
कुछ देश के लिए भी बरख़ुरदार कीजिऐ

आबो हवा शहर की कुछ मज़हबी हुई
खतरे में बस इंसान है होश्यार कीजिये

बहुत सीधा सा फ़लसफ़ा है ज़िंदगी का दोस्तो
जैसा ख़ुद को है पसंद वैसा व्याावहार कीजिए

तूफ़ानों से लड़के ख़ुद को तैयार कीजिए
फिर दुनिया सुनेगी बात इंतज़ार कीजिए

नुमाइश   - प्रदर्शनी
तलबगार - माँगनेवाला
आबो हवा - जलवायु
फ़लसफ़ा - ज्ञान

58. तितली उड़ने लगती है

ख़्वाबों में भी ख़्वाइशों की तितली उड़ने लगती है
जुनून जिगर में पूरा हो तो चींटी पहाड़ पर चढ़ने लगती है

मुमकिन मुश्किल नामुमकिन सब सोच पर निर्भर करता है
बच्चों की जान पर आजाये तो बकरी शेर से लड़ने लगती है
ख़्वाबों में भी ख़्वाइशों की तितली उड़ने लगती है

विश्वास रखो तुम कर सकते हो
इतिहास बदल के रख सकते हो
अरे छोटी सी चिंगारी से आग भड़कने लगती है
ख़्वाबों में भी ख़्वाइशों की तितली उड़ने लगती है
जुनून जिगर में पूरा हो तो चींटी पहाड़ पर चढ़ने लगती है

59. लड़खड़ाते हैं कदम

लड़खड़ाते हैं कदम मंज़िल अभी भी दूर है
पर देखना पहुंचेंगे हम हौसला भरपूर है

कब तलक लोगे परीक्षा हम डट गए मैदान में
आख़िरी दम तक लड़ेंगे सारे इम्तिहान में
फिर फ़ैसला जो भी रहे हमको खुदा मंजूर है
लड़खड़ाते हैं कदम मंज़िल अभी भी दूर है........

देख लेना मंज़िलें आकर बुलाएंगी हमें
बिजलीयाँ खुद आसमाँ से रस्ते दिखाएंगी हमें
कुछ और हो न हो मगर माँ की दुआ जरूर है
लड़खड़ाते हैं कदम मंज़िल अभी भी दूर है........

60. जागते रहना मत सोना

ख़्वाब अगर पूरे करने हैं सपनों में तुम मत खोना
जागते रहना मत सोना

मेहनत कर बड़ जाओगे वरना पीछे पछताओगे
आँखों में सैलाब रखो अश्कों से मुँह को मत धोना
जागते रहना मत सोना

अपने हाथों को पतवार करो फिर लहरों पे वार करो
असफलता के भँवर में तुम नाव डूबने मत देना
जागते रहना मत सोना

अपने पर विश्वास करो जी जान से फिर प्रयास करो
हाथों से परिणाम लिखो किस्मत पे अपनी मत रोना
जागते रहना मत सोना

जब खुद को साबित कर दोगे सब अपना तुम्हें बताएंगे
जो कल तक हँसते थे तुम पर आकर गले लगाएंगे
दुनिया तुमको सरताज़ करेगी उम्मीद का दामन मत खोना
जागते रहना मत सोना

सरताज़ - सिर पर पहनने का ताज; मुकुट

61. कदमों के निशान बाकी हैं

गरम रेत पर कदमों के निशान बाकी हैं
ज़िंदगी में अभी और इम्तिहान बाकी हैं

पूरा बदन पसीने में हो गया तर-बतर
ऐ ख़ुदा और कितने मुक़ाम बाकी हैं

दौलत के सिवा और भी फ़र्क़ है हम दोनों में
तेरा मर चुका है पर मेरा ईमान बाकी है

कौन कहता है बाज़ी पलट नहीं सकती
वो शख़्स गिर गया है मगर हौसलों में जान बाकी है

गरम रेत पर कदमों के निशान बाकी हैं
ज़िंदगी में अभी और इम्तिहान बाकी हैं

पिता जी

62. मेरा बेटा जब आएगा

वो वक़्त ठहर सा जाएगा मेरा बेटा जब आएगा
मेरे पैर छुएगा अपनी माँ को गले लगाएगा
घर ख़ुशियों से भर जाएगा मन ताजमहल हो जाएगा

घर छोड़ कर उसको जाने दो
दुनिया की ठोकर खाने दो
फ़िर गिर के उसे सँभलने दो
कुछ अपनी दम पर करने दो
विश्वास मेरा कमज़ोर नहीं
कुछ बन कर वापस आएगा
वो वक़्त ठहर सा जाएगा
मेरा बेटा जब आएगा

भीड़ बहुत थी मेले में
तू खोया था किसी खिलौने में
यूँ हाथ छोड़ के निकल गया
कुछ पल को मुझसे बिछड़ गया
यूं लगा कि सबकुछ उजड़ गया
तू दो पल को बस खोया था
फिर लिपटकर कितना रोया था
वो प्यार की डोर कमज़ोर नहीं
तू खिंचा चला घर आएगा
वो वक़्त ठहर सा जाएगा
मेरा बेटा जब आएगा

हर वक़्त कमी सी रहती है
आँखों में नमी सी रहती है
मैं तो बाप हूं सह लूंगा
कैसे भी करके रह लूंगा
पर माँ के जज़्बात निराले हैं

ईश्वर को हिलाने वाले हैं
वो भिंडी रोज़ बनाती है
जो तेरे मन को भाती है
फिर मंदिर में पूछने जाती है
माँ के हाथ से खाना खाने
मेरा लल्ला कब आएगा
वो वक़्त ठहर सा जाएगा
मेरा बेटा जब आएगा

पहले जब तू छुप जाता था
पल दो पल में मिल जाता था
आँगन से लेकर टैरिस तक
किचन से लेकर गैरिज तक
कहाँ छुपा है लाल मेरे
कैसे चूमूंगा गाल तेरे
मैं दिन भर से पर्दे के पीछे
खड़ा हूं कब से अँखियाँ मीचे
तू चुपके से पीछे आएगा
और आकर मुझे डराएगा
वो वक़्त ठहर सा जाएगा
मेरा बेटा जब आएगा

उम्मीदें सारी टूट गई
आँखों की नदियाँ सूख गई
विश्वास नहीं होता तब भी
हर साँस पर आस लगी अब भी
तू बाप बनेगा बेटा जब
मेरे मन को समझेगा तब
आँखों का दिया खो जाएगा
जब पिता तेरा सो जाएगा
तब शायद मिलने आएगा
वो वक़्त ठहर सा जाएगा
मेरा बेटा जब आएगा

63. पापा की गोदी

हम बचपन में कितना अकड़ के चलते थे
जब पापा की उँगली पकड़ के चलते थे
राजा के सिंघासन जैसा लगता था
जब पापा की गोदी पर चढ़ के चलते थे

बैठ के कंधे पर पापा के हमने मेला देखा था
अपने पिता को कंधा देना कैसा विधि का लेखा था
अपना फ़र्ज़ निभा कर के सारे बंधन को तोड़ गये
जाते जाते बच्चों को कितनी सौगातें छोड़ गये
मेले में कहीं खो ना जाऊँ पापा मुझे जकड़ के चलते थे

हम बचपन में कितना अकड़ के चलते थे
जब पापा की उंगली पकड़ के चलते थे

64. बूढ़े पिता का दर्द

अपने घर में अपनों से थोड़ा सा रिश्ता तोड़ लिया
रोज़ के झगड़े से अच्छा है मैंने कहना छोड़ दिया

अपनों के सपने सच करने मैं रातों में जागा था
सबको ठंडी हवा मिले मैं भरी धूप में भागा था

कितनी आसानी से सबने नींव का पत्थर तोड़ दिया
अपने घर में अपनों से थोड़ा सा रिश्ता तोड़ लिया

जिनकी मैं छवि हूं, मेरे जन्मदाता मेरे मार्गदर्शक मेरे पिताजी को समर्पित

65. पिताजी का समर्पण

दिन बेचारा थक गया है अब उसे भी शाम दो
बूढ़े पिता का हाथ पकड़ो अब उन्हें आराम दो

घर बनाने के लिये खुद को मिटा के रख दिया
जर्जर हुई काया मगर घर को सजा के रख दिया
लाठी बनो अपने पिता की और उन्हें सम्मान दो

दिन बिचारा थक गया है अब उसे भी शाम दो
बूढ़े पिता का हाथ पकड़ो अब उन्हें आराम दो

इश्क़ तो किया था...

दास्तान - ए - दिल

66. तुम जान हो मेरी

दिल का कौना कौना घायल है
फिर भी नये ज़ख्म करते हो
तुम जान हो मेरी जानते हो
क्यूँ पूछते हो हम पर मरते हो

हर बंधन से आज़ाद हो तुम
अब खुले गगन में लहराओ
दिल में उड़ने की चाहत है
अब्र की बूँदों से डरते हो
दिल का कौना कौना घायल है
फिर भी नये ज़ख्म करते हो

शहर बदल लेने से क्या
गम की बदली हट जाएगी
कुछ ओस पड़ी है आँखों में
क्या वक़्त बदलते छट जाएगी
हम तुमको भूले ही नहीं
क्या याद हमें तुम भी करते हो
दिल का कौना कौना घायल है
फिर भी नये ज़ख्म करते हो
तुम जान हो मेरी जानते हो
क्यूँ पूछते हो हम पर मरते हो

अब्र - बादल

67. जो लम्हे गुज़ारे साथ में

जो लम्हे गुज़ारे साथ में
वही ज़िंदगी है चार पल की
भूला नहीं मैं अब तलक
वो मरमरीं मुस्कान हल्की

देखते ही देखते तलबगार बन के रह गये
सूखे हुऐ वो फूल यादगार बन के रह गये

हो गये हम तुम जुदा
जो मज़बूरियाँ आँखों से झलकी
भूला नहीं मैं अब तलक
वो मरमरीं मुस्कान हल्की

मेरे पेड़ की बुलबुल का कहीं और ठिकाना हो गया
तेरी गली घर शहर सब गुज़रा ज़माना हो गया

कभी जागा किये थे रात भर
ज़ालिम तेरी खिड़की बगल की
भूला नहीं मैं अब तलक
वो मरमरीं मुस्कान हल्की

मरमरीं - संगमरमर की तरह

68. शायद कुछ भी नहीं

हर वक़्त तेरा ख़याल क्यूँ
शायद कुछ भी नहीं
दिल में रह गया बस मलाल क्यूँ
शायद कुछ भी नहीं

मेरी ज़बाँ पे तेरा नाम कभी आया ही नहीं
फिर हो रहा इतना बवाल क्यूँ
शायद कुछ भी नहीं

पूछा न ही ता-ज़िंदगी मैंने कोई सवाल
फिर ढूँढ़ते हो जवाब क्यूँ
शायद कुछ भी नहीं

हम तो तेरे ख़्वाब में न आये थे कभी
फिर बिखरे हुए हैं बाल क्यूँ
शायद कुछ भी नहीं

69. दिल टूटा है

बिना बात गुस्सा फूटा है
हो न हो ये दिल टूटा है

बेचैनी में जिससे राहत थी
वर्षों से जिसकी चाहत थी
लगता है वो ही रूठा है
हो न हो ये दिल टूटा है

यहां बेकाबू दिल की धड़कन
वो परख रहा था मेरा मन
कितना सच्चा कितना झूठा है
हो न हो ये दिल टूटा है

नाउम्मीदों ने हाथ दिया
गैरों ने कितना साथ दिया
अपनों ने तो बस लूटा है
बिना बात गुस्सा फूटा है
हो न हो ये दिल टूटा है

70. यादों की बरसात

91

चाँद सितारे साथ में रोये
अश्कों में अरमान डुबोये
फिर से तन्हा रात हो गई
यादों की बरसात हो गई

एकाकी में कैसा जीवन
ढूँढ़ रहे हैं तुझको तनमन
उम्मीदें काली रात हो गई
यादों की बरसात हो गई

दिल में कुछ ऐसा सूनापन
बिन बारिश का जैसे सावन
बस रोते रोते रात हो गई
यादों की बरसात हो गई

कुछ बहके तुम कुछ बहके हम
फिर महक गया सारा आलम
जब वो मेरे साथ हो गई
यादों की बरसात हो गई

अश्क - आँसू की बूंद

71. आहट

जाने किसके आने की ये आहट है
दिल में डर है बेचैनी घबराहाट है

दिल में इश्क़ की राख़ सुलगती रहती है
तेरी साँसों की शायद गरमाहट है

बिछड़ के तुझसे जाने कैसा हाल रहे
अभी तलक तो सब कुछ सही सलामत है

नकाब हटा के मस्जिद में सजदा करना
खुदा कसम ये भी एक कयामत है

नेकी बस दुनिया में जिन्दा रहती है
जिस्म का क्या है खाली एक सजावट है

यार अमीरी अना साथ में ले आई
दावत में घर के ही लोग नादारत है

सजदा - नमाज़ पढ़ते समय माथा टेकने की क्रिया, सिर झुकाना
अना   - अहंकार, घमंड

72. तुझ से मिलते ही

तुझ से मिलते ही दिल का हाल बदल जाता है
चाँद-ऐ महबूब अमावस में नजर आता है

ढाये हैं कितने सितम तूने मोहब्बत में सनम
प्यार में चोट लगे तो भी मज़ा आता है

नज़र चुरा कर निगाहों को मिलाने का हुनर
यही अंदाज़ तेरा दिल को लुभा जाता है

दौलत-ए-हुस्न की मैं और क्या तारीफ़ करूं
तेरे रुख़सार पर जो तिल है ग़ज़ब ढाता है

रुख़सार - गाल

73. तुम भी सही थे

तुम भी सही थे और हम भी सही थे
फिर कैसे ग़लतफ़हमीयाँ रह गयी
तुम भी हँसे थे और हम भी हँसे थे
फिर कैसे ये खामोशियाँ रह गयी

उसने मुझको नहीं, मुझ से बहुत चाहा
इसलिए वो कभी साथ खुश रह न पाया
बांह फैला के जब हम दोनों खड़े थे
फिर कैसे ये तन्हाईयाँ रह गयी

वादा किया था सदा साथ होंगे
जीवन में कैसे भी हालात होंगे
तुम भी बढ़े थे और हम भी बढ़े थे
फिर कैसे सनम दूरियाँ रह गयी

तुम भी सही थे और हम भी सही थे
फिर कैसे ग़लतफ़हमीयाँ रह गयी

74. तू क्या जाने

तू क्या जाने आँखों से अलफ़ाज़ निकलने लगते हैं
नज़रों से नज़रें मिलते ही अरमान मचलने लगते हैं

तू क्या जाने दर्द जुदाई का कितना तड़पाता है
हम रोज़ ख़्वाब में मिलते हैं और सुबह बिछड़ने लगते हैं

तू क्या जाने दोस्त मेरा हर मौसम मिलने आता है
बस वक़्त बदलते ही मिलने के अंदाज़ बदलने लगते हैं

तू क्या जाने मेरे दिल में उसके कितने राज़ छुपे
जिक्र मेरा चलते ही चेहरे के रंग से उड़ने लगते हैं

तू क्या जाने आँखों से अलफ़ाज़ निकलने लगते हैं
नज़रों से नज़रें मिलते ही अरमान मचलने लगते हैं

75. हम भी खुदा से पाक हैं

दिल से वहम के ताले को खोल करके देखिए
हम भी खुदा से पाक हैं मेल-जोल करके देखिए

यह जिस्म क्या यह जान क्या दुनिया में हुआ जो नाम क्या
सब कुछ निसार-ए-प्यार है बस बोल कर के देखिए

बस दु:ख मिलेगा जब कभी रिश्तों को आजमाओगे
किसमें कितना ज़मीर है मत तौल कर के देखिए

दर्द में जब भी पुकारा हम आ गए बस प्यार था
वैसे हमारी शख्सियत अनमोल है,मोल कर के देखिए

निसार-ए-प्यार - प्यार में न्योछावार

76. तेरी अदाओं के

तेरी अदाओं के ऐसे मुरीद हो गये
बस निगाहें मिली और शहीद हो गये

सबकी निगाह-ए-इश्क़ में बस तेरी चाह थी
तुम मेरे क्या हुऐ सब बदनसीब हो गये

झूठ ने सच को हराने की साज़िश रची
झूठे गवाह झूठ के चश्मदीद हो गये

हवा के रुख़ को बदलने हम जैसे बढ़े
ज़माने की नज़र में बदतमीज़ हो गये

चश्मदीद - प्रत्यक्षदर्शी

77. फिर से जवाँ किया

दिल की हसरत को लफ़्ज़ों में बयां किया
पुरानी मोहब्बत को फिर से जवाँ किया

आँखों में सुर्ख़ लालीयां यूँ ही नहीं आती
तुमने किसी की याद में रतजगा कहाँ किया

तारीफ़ कर रहे हैं आज उसके मिज़ाज़ की
लगता है रूह-ऐ-जिस्म ने खाली मकां किया

सादा लिबाज़ पहन के मेरे दरमियाँ रहो
इश्क़ जिस्म से नहीं तुझ से बेपनहाँ किया

तेरे आने के वादे पर सारी उम्र काट दी
इंतज़ार हमने आपका यूँ बे-इंतिहा किया

तितली का बदन नोच के हैवान् ले गया
सुबूतों का खेल खेल के सच बे-ज़बाँ किया

अपनों को हरा के जीतने का क्या मज़ा
यही सोच के जीत का मौका गँवा दिया

78. मुझको काली आँखों की

मुझको काली आँखों की गहराई में खोने दो
इश्क़ सज़ा है इश्क़ मज़ा है जो भी हो पर होने दो

मुझको काले बालों की धूप छांव में सोने दो
इश्क़ गुनाह है इश्क़ पनाह है जो भी हो पर होने दो

मुझको यादों के साये में फूट फूट के रोने दो
इश्क़ दवा है इश्क़ दुआ है जो भी हो पर होने दो

मुझको दिल की धरती पर बीज प्रेम का बोने दो
इश्क़ ख़ता है इश्क़ ख़ुदा है जो भी हो पर होने दो

79. अँधेरों को रोशन कर दे

अँधेरों को रोशन कर दे ऐसा कोई सितारा हो
इच्छाओं को पूरा कर दे ऐसा कोई पिटारा हो

कोई अच्छी ख़बर नहीं है दिल को भी अब सबर नहीं है
ख़ुशियों की आतिशबाज़ी का अब तो कोई नज़ारा हो
अँधेरों को रोशन कर दे ऐसा कोई सितारा हो

हर मुश्किल को स्वीकार किया खुद तैर के दरिया पार किया
जीवन को ठहराव मिले अब ऐसा कोई किनारा हो
अँधेरों को रोशन कर दे ऐसा कोई सितारा हो

भट्की राहें अनजान डगर हर मोड़ पर गिर जाने का डर
कदम मिलाकर साथ चले अब ऐसा कोई हमारा हो

अँधेरों को रोशन कर दे ऐसा कोई सितारा हो
इच्छाओं को पूरा कर दे ऐसा कोई पिटारा हो

80. लाज़बाब जिंदगी

कशमकश बहुत है सवाल जिंदगी है
उलझी बहुत है फिर भी लाज़बाब जिंदगी है

घर से चले थे सोच के मंज़िल पे दम मिलेगा
मंज़िल पड़ाव निकले नायाब जिंदगी है

बचपन कि ख्वाइशें हैं जवानी की चाहतें हैं
जो रोज़ देखते हैं वो ख्वाब जिंदगी है

रोज सुबह उठ कर यूँ काम पर निकलना
जूनून जीतने का परवाज़ जिंदगी है

दिन भर की थकन को पल भर में मिटा जाये
वो दोस्तों से गपशप और चाय जिंदगी है

परवाज़ - उड़ान

81. मैं बिकता रहा

गीत ग़ज़लें कहानी सब लिखता रहा
लोग सुनते रहे और मैं बिकता रहा

बस डर था यही वो रूठ जाये न
वो कहता गया और मैं सुनता रहा

वो मेरा हुआ भी तो ऐसा हुआ
मैंने पाया उसे फिर भी तन्हा रहा

उसकी दहलीज़ पर रोशनी कम न हो
मैं दिया बनके ता - उम्र जलता रहा

उसकी गर्म साँसों ने मुझको छुआ
राख होकर के भी मैं सुलगता रहा

तुम दुकानों के मँहगे खिलौने सी रही
और मैं बच्चों की तरह मचलता रहा

इश्क़ तो किया था...

82. मेरे एहसास

मेरे एहसास जो तेरे लिए हैं काश तुम पहचान लेते
मेरे हमदर्द कितना दर्द है काश तुम यह जान लेते

दूर तुम होते गए यह सोचकर मेरी खुशी है
मेरी ख़ामोशीयों को कभी तो काश तुम हाँ मान लेते

यूं तो ख्वाइश हज़ारों हैं सभी पूरी नहीं होती
मेरे उस ख़्वाब को तुम काश सरंजाम तो देते

छुपा लेते ज़माने से अगर तुम दिल्लगी अपनी
लोग मिलते तो कम से कम मुझे बदनाम ना कहते

भुला देते बुला लेते कोई फैसला सुना देते
मेरे जज़्बात को तुम काश कोई नाम तो देते

83. गाड़ी बंगला

गाड़ी बंगला मोटर कार
चाँद सितारे सब बेकार
मैं तो बस इतना चाहूँ
पहना दो बाँहों का हार

जब से देखा है तुझको
नींद नहीं आती मुझको
गर वो मुझको मिल जाए
ऊपर वाले का आभार

पैरों की पायल हो जाऊँ
रुनझुन से घायल हो जाऊँ
मुझको हुआ है तुझसे प्यार
अँखियों से मत गोली मार

होंठों की लाली बन जाऊँ
कानों की बाली बन जाऊँ
मेरे दिल की यही पुकार
घर में हो तेरी सरकार

दिल चुरा के तेरा ले जाऊँ
मैं तेरा मुजरिम कहलाऊँ
तुम वंदी बना के रख लेना
जिस जेल के हो तुम पहरेदार

अशआर ज़िंदगी के

84. हर नज़ारा ज़िंदगी का

हर नज़ारा ज़िंदगी का हमें अब आम लगता है
अपने दुश्मनों का चेहरा भी हमें अब राम लगता है

जब दिल से दिल मिले हैं फिर तकल्लुफ़ की ज़रूरत क्यूँ
दिलों के बीच का अब रास्ता अनजान लगता है

ग़मों के घूँट पीकर ऐ ज़िंदगी तू मुस्कुरा देना
मुहर्रम का महीना भी हमें रमज़ान लगता है

मुहर्रम   - शोककाल
रमज़ान   - रोज़ा का महीना

85. मेरे लिख्खे सभी ख़त को

मेरे लिख्खे सभी ख़त को वो एक दिन जला देगा
उसे उम्मीद है वो इस तरह मुझको भुला देगा

काजल बना कर जिसको पलकों पर सजाया था
किसे एहसास था वो आँखों से नींदें चुरा लेगा

वादा किया था उम्र भर मुझको हँसाने का
किसे मालूम था दिल तोड़ कर मुझको रुला देगा

86. पहुँची नहीं जो तुम तलक

पहुँची नहीं जो तुम तलक इक बात बन कर रह गयी
मेरी जवाँ तक आते आते जज़्बात बन कर रह गयी

देखता हूं आईना खुद को कहा मैं खो गया
ज़िंदगी मेरी अँधेरी रात बन कर रह गई

वक़्त का मरहम है झूठा दिल मेरा शीशे सा टूटा
तेरी शक्ल तो धुँधली हुई पर तू "काश" बन कर रह गयी

87. यूँ अचानक

यूँ अचानक वो मेरे घर में चला आया है ऐसे
अमावस रात में चाँद निकल आया है जैसे

मुझसे मत पूछ तेरे बिन मेरे हालात है कैसे
मेरी आँखों में कोई सैलाब उमड़ आया है जैसे

तेरे मेरे प्यार के यह एहसास है कैसे
मुझसे ख़्वाबों में भी तू दूर नज़र आया है जैसे

88. हाथों की लकीरों में नहीं था

जो हाथों की लकीरों में नहीं था
वो चेहरे पर दिखाई दे गया
जाते जाते वो मुझे फिर बेवफाई दे गया

रंज न था घर जमाने ने मुझे मुजरिम कहा
खा कर मोहब्बत की कसम झूठी गवाही देगया

मैं महफ़ूज़ हूं दिल में तेरे दफ़्न यादों की तरह
वरना जो कभी कहा नहीं वो कैसे सुनाई दे गया

89. इस दिल के दर्द को

इस दिल के दर्द को हँसी में छुपाए रखा है
तेरी हर बात को सीने से लगाये रखा है

मेरे गालों पर अश्कों से लिखी इबारत को पढ़ो
ये वो अरमान है जिन्हें पलकों पर सजाए रखा है

मैं तो हमसफ़र था बस मंज़िल कोई और थी उसकी
उस से ताल्लुकात है अभी भी जमाने को बताए रखा है

90. शहर की रंगत बदल गई

हमने सुना है शहर की रंगत बदल गई
बदले हुए मिज़ाज हैं तेरी संगत बदल गई

दिखता नहीं है आजकल वह घर के आस-पास
लगता है उसके प्यार की मन्नत बदल गई

दु:ख दर्द रंज-ओ-ग़म जब से हमने रख लिए
तब से सुना है यार तेरी क़िस्मत बदल गई

91. यूँ तो लड़ाई

यूँ तो लड़ाई भी बहुत मज़ेदार होती है
शहर में जब अपनी सरकार होती है

बस सास को बहू में कुछ अच्छा नहीं दिखता
वरना साहव लड़की कब किस की बेकार होती है

जब तक मुक़ाम हासिल न हो लोग गौर से सुनते नहीं
वरना बातें तो हमारी भी असरदार होती है

92. मोहब्बत का सफ़र

फिर मोहब्बत का सफ़र आदतन तन्हा रहा
थी हक़ीक़त बंजरों सी बस ख़ुशनुमा सपना रहा

एक कश्ती एक तूफ़ाँ एक साहिल वो थे तुम
हम डूबते मझधार में पर साहिल पर हमें मरना पड़ा

है कशिश गर प्यार में आओगे मिलने एक दिन
दो बूंद आँखों में समेटे मैं क़ब्र में दफ़ना रहा

93. खो गई चंद लाइनें

खो गई चंद लाइनें जज़्बात की इतिहास में
मेरी वफ़ा के मायने कुछ यूं पढ़े
बस रह गई मेरी जफ़ा उसकी किताब में

शायद तुम्ही थे मुंसिफ़ मेरे हर बयान के
बस रह गई मेरी ख़ता उसके हिसाब में

उसकी गली से वास्ता गुजरा ज़माना हो गया
आ गई तब्दीलियां उसके मिज़ाज में

जफ़ा   - अत्याचार, जुल्म
मुंसिफ़ - न्याय करनेवाला

94. रात भर जगी है

हो न हो कोई बात ज़रूर दिल को लगी है
आँखें बता रही हैं वो रात भर जगी है

मंज़र गुजर गया है और वो भी बदल गया है
फिर भी निगाहे इश्क़ को उम्मीद सी लगी है

पुरवाई मोहब्बत की छू कर के क्या गयी
छत पर अकेले बैठ कर मुझे सोचने लगी है

95. फिर निसार-ए-प्यार में

फिर निसार-ए-प्यार में जिस्म-ओ-जान हो गये
मेरी एक बात की तफ़तीश पर कितने बयान हो गये

ये कहना तेरा गलत है कम बोलना मेरी आदत है
इक बार सच कहा था बस फिर बेजुबान हो गये

चंद ख़्वाबों का हूँ क़ातिल बस यही इक जुर्म है
सुन के सज़ा-ए-मौत हम फिर से जवान हो गये

निसार-ए-प्यार - प्यार में न्योछावार

तफ़तीश   - जाँच पड़ताल

96. जब कभी तुझसे मिला

जब कभी तुझसे मिला मुझको लगा पहचानता था
तेरे मोहब्बत के फ़साने को हक़ीक़त मानता था

टूटता विश्वास मेरा पर एक भरम क़ायम रखा
तुझसे मिली रुसवाईयों को मजबूरियाँ मैं मानता था

हो गया बर्बाद सब कुछ इश्क़ के तूफ़ान में
फिर भी मिला मैं मुस्कुरा के ग़म को छुपाना जानता था

रुसवाई - बदनामी, बेइज़्ज़ती

97. मशहूर हो गया

वो इतना मशहूर हो गया
अपनों से भी दूर हो गया

पिता में कमी ढूँढ़ने वाले
तू कितना मग़रूर हो गया

रिश्ता कांच सा नाज़ुक था
धमस से चकनाचूर हो गया

दौलत रूप बदल देती है
छुहारा पिंड-खजूर हो गया

९८. क्या किरदार निभाना होता है

क्या किरदार निभाना होता है जब प्यार पुराना होता है
हम भी सच्चे आशिक़ बन जाते हैं जब यार दीवाना होता है

भटकी राहें अनजानी सी मुश्किल जानी पहचानी सी
हम दुनिया से लड़ जाते हैं खुदगर्ज ज़माना होता है

रिश्ते नाते सब टूट गए अपनों के साये छूट गए
अब आसान सफ़र मंज़िल अपनी बस तुझे लुभाना होता है

९९. ऐसे मिला कि खुदा हो गया

काम पड़ते ही बिलकुल सगा हो गया
आज मोहब्बत में फिर से दग़ा हो गया

एक एहसान उसने क्या मुझ पे किया
फिर वो ऐसे मिला कि खुदा हो गया

हैसियत मेरी उसके माफ़िक़ न थी
मेरी दुनिया उसके मुताबिक़ न थी
क्यूँ उसने मुझ से किनारा किया
अब वज़ह पूछना बेबजह हो गया
आज मोहब्बत में फिर से दग़ा हो गया

माफ़िक़ - अनुकूल

100. मोहब्बत के दो पहलू हैं

मोहब्बत के दो पहलू हैं एक प्यार और प्यारा सा
प्यार मझधार की कश्ती साथ तेरा सहारा सा

जो मैंने ख़्वाब देखे थे हक़ीक़त ने कुचल डाले
तेरी आँखों में दिखता है वही खोया नज़ारा सा

खुदा की है करिश्माई या तसल्ली का सबब मेरी
तेरे चेहरे में दिखता है वही चेहरा गवारा सा

101. हौसला कर लिया

खुद से खुद ही लड़ने का हौसला कर लिया
जा हमने तुझे छोड़ने का फ़ैसला कर लिया

बदक़िस्मत नहीं वो लोग जो मिल के बिछड़ गये
उसने साथ रहते हुऐ भी हम से फ़ासला कर लिया

मोहब्बत का अंजाम सोच कर ही दिल घबरा गया
आज बुलबुल ने सैयाद के घर में घोंसला कर लिया

सैयाद .... शिकारी

102. प्रेम की रस्म

प्रेम की रस्म निभाने में खुद को भी खोना पड़ता है
आँखों से बात न ज़ाहिर हो दिल से रोना पड़ता है

कुछ कहा नहीं कुछ सुना नहीं हाथ छोड़ के चले गये
कभी कभी साहिल को भी मझधार सा होना पड़ता है

शब्दों के बाण जब चुभ जाएं हृदय के मर्म निकल आएं
तब कभी कभी अपनों से भी अनजान सा होना पड़ता है

मर्म - भेद,रहस्य

103. आसमाँ है नीचे

आसमाँ है नीचे और ऊपर ज़मीं है
मुझे उसकी बातों पर पूरा यक़ीं है

मेरे दिल के अंदर कहीं पर दबे हैं
कई बाक़्रया जो अभी अनकहे हैं
कह दूँ अगर तो क़यामत यहीं है

आसमाँ है नीचे और ऊपर ज़मीं है
मुझे उसकी बातों पर पूरा यक़ीं है

104. तनहाईयों से जूझता है

इश्क़ में मदहोश दिल जब धड़कनों से गूँजता है
बंद कमरे में अकेला तनहाईयों से जूझता है

और कैसे इम्तिहाँ इश्क़ में लेगा खुदा
आकर रक़ीब हम से ही महबूब का घर पूछता है

रक़ीब - प्रेमिका का दूसरा प्रेमी, प्रतिद्वंद्वी, प्रतिस्पर्धी।

105. दिल की चोट पर

दिल की चोट पर मरहम से ज़खम देते हो
हर घड़ी मुझको मोहब्बत की कसम देते हो

मैं कब उड़ गया होता आसमाँ छूने के लिये
हर घड़ी मुझको बारिश का भरम देते हो

106. जबसे निगाहों से

जबसे निगाहों से वो बेदख़ल हो गया
तब से ज़हन में मेरे वो हर पल हो गया

मैं भूल जाऊँ तुझे तो तेरी तौहीन है
और याद करते ही दिल में ख़लल हो गया

ख़लल - व्यवधान

107. गुरूर चला गया

उसके चेहरे का सारा नूर चला गया
मैं जबसे उसकी पहुँच से बहुत दूर चला गया

उसको बड़ा गुमान था अपने हुस्न पर
मैंने मना किया तो सारा गुरूर चला गया

108. मैं तुमको चूम लेता हूँ

मैं तुमको चूम लेता हूँ जब ख़्वाबों में होते हो
इजाज़त लेनी पड़ती है जब बाँहों में होते हो

बड़ा ज़ालिम ज़माना है जलता है तरक्की से
संभल के चलना पड़ता है जब निगाहों में होते हो

109. मेरे गुरूर को

मेरे गुरूर को तुम आँखें दिखाओ मत
चाकू में कितनी धार है मुझको डराओ मत

तुमको चुनौती मान के गर पीछे पड़ गया
नामोनिशान मिट जाएगा मुझे आज़माओ मत

110. थोड़ा करीब आओ

थोड़ा करीब आओ कि आज हद से गुज़र जाएं
तेरे बाजूओं में आकर आज बिखर जाएं

अब तो तेरी आँखों के समुन्दर में बसर है
हम जहाज़ के पंछी हैं जाएं तो किधर जाएं

111. वक़्त की शाखों पर

वक़्त की शाखों पर कुछ लम्हे ठहर गये ऐसे
ज़िंदगी की किताब के कुछ पन्ने बिखर गये जैसे

कुछ इस तरह डूबा है दिल तेरे प्यार में
कागज़ की कश्ती में कई समुंदर उतर गये जैसे

बसर - गुज़ारा

112. तुम से मिलकर

तुम से मिलकर हमको अपने दिल के हाल सुनाने हैं
कुछ तुमसे बातें करनी हैं कुछ दिल के राज़ बताने हैं

अब भी दिल का दर्द हमारा चेहरे पर दिख जाता है
कहने को तो ज़ख्म हमारे सालों साल पुराने हैं

113. तेरे मेरे दरमियाँ के

तेरे मेरे दरमियाँ के हिसाव लिख रहा हूं
मोहब्बत पे अपनी किताब लिख रहा हूं

चाह कर भी तुमसे कभी लड़ सके ना
तुम आँखों को मेरी कभी पढ़ सके ना
जो ना तुमको दिखे वो ज़ज़्बात लिख रहा हूं
मोहब्बत पे अपनी किताब लिख रहा हूं

सोचा न था ऐसे हालात होंगे
झोली में बस टूटे ख़्वाब होंगे
अधूरे सपनों की पूरी बारात लिख रहा हूं
मोहब्बत पे अपनी किताब लिख रहा हूं

ये जिस्मों जाँ बस तेरी मिल्कियत है
वो पूछता था मेरी क्या अहमियत है
मैं तुझको अपनी कायनात लिख रहा हूं
मोहब्बत पे अपनी किताब लिख रहा हूं

चाहत और तजुर्बे

114. दिल को करार आएगा

मिलोगे हमसे तभी दिल को करार आएगा

नज़र नज़र से मिलाओ तो प्यार आएगा

ये और बात है तेरी सादगी पे मरते हैं

बिखेरो जुल्फ हवा में तो खुमार आएगा

किसे है सब्र यहां सावन का इंतज़ार करे

तुम मुस्कुराओ तो पतझड़ में बहार आएगा

कड़ी तपस्या करी जिसने उसे मुकाम मिला

तपेगा आग में जब सोना तो निखार आएगा

गलत काम अगर तुमने सही नियत से किया

चुराए माखन कन्हैया तो दुलार आएगा

जो अपनी दम पर पूरा क़ाफ़िला चलाता था

जो मौत आई तो कंधों पे सवार जाएगा

115

मेरी खातिर अपने घरवालों से लड़ना सीख लिया
लगता है उसने मेरी आँखों को पढ़ना सीख लिया

....

116

निगाहों को मिला के मुस्कुरा के यूँ मोहब्बत को जगा देना
सुलगती आग को कितना सही है यूँ हवा देना

....

117

वो मुझको अपना बताने से कतराता है
इश्क़ तो करता है पर ज़माने से घबराता है

....

118

खुद से खुद को क़त्ल कर के देखते हैं
चलो आज उसको नज़र भर के देखते हैं

....

119

मुझमें से मेरा एक हिस्सा तोड़ कर चला गया
ज़ालिम दिल ले गया जिस्म छोड़ कर चला गया

....

120

बस एक चुभन सी है और कोई ग़म नहीं
सब कुछ है मेरे पास बस लकीरों में तुम नहीं

....

इश्क़ तो किया था...

121

जिस्म से रूह का सफ़र कर के देखूँ
बस आरज़ू यही थी नज़र भर के देखूँ

122

यार मेरा फिर मुझसे कुछ ऐसे हुआ जुदा
ता-उम्र मोहब्बत का फिर सूरज नहीं उगा

123

कितनी रातें कितने दिन हर लम्हा काटा गिन गिन
मछली प्यासी पानी में हम इतने तन्हा तेरे बिन

124

हालातों से समझौता, मेरी फ़ितरत के ख़िलाफ़ है
काँटों से लड़ के आया हूँ, मेरे हाथों में गुलाब है

125

उजड़ कर बसने का सिलसिला जारी है
गिर कर उठ गया हूँ ये मेरी अदाकारी है

126

उम्र भर उठाते रहे जो हर मौके पर फ़ायदे
आज वो समझा रहे हैं ज़िंदगी के कायदे

127

रिश्तों में पड़ी दरार अब इतनी बड़ी हो गयी
घर के अंदर इक और दीवार खड़ी हो गयी

....

128

रोटी महँगी हो गयी और ज़मीर सस्ता हुआ
मैं गाँव वापस आ गया शहर से अच्छा हुआ

....

129

सुना है वो शख़्स बहुत अमीर हो गया
सब कुछ है उसके पास बस ज़मीर खो गया

....

130

जब एक परिंदा उड़ते उड़ते ऊपर उठने लगता है
धीरे धीरे दुनिया की आँखों में खटकने लगता है

....

131

कहने को ये सब मेरे सगे हैं
फिर तरक्क़ी से मेरी क्यूँ जलने लगे हैं

ईश्वर को नमन

132. मेरे श्री राम

जिनका जीवन ही मर्यादा है वो नाम नहीं इक गाथा है
हम अपना शीश झुकाते हैं मेरे श्री राम कहलाते हैं

धर्म के ठेकेदार सुनो जो जात पात बतलाते हैं
हम राम चरित्र के अनुयायी सबको गले लगाते हैं
सबरी के हाथों से जो झूठे बेरों को खाते हैं
हम अपना शीश झुकाते हैं मेरे श्री राम कहलाते हैं

अपने पिता के कहने पर राज पाठ सब छोड़ दिया
पुत्र धर्म का मान रखा सारे कष्टों को ओढ़ लिया
धर्म न्याय की राह पे चलना जो हमको सिखलाते हैं
हम अपना शीश झुकाते हैं मेरे श्री राम कहलाते हैं

राज पाठ छीना भाई का, बालि ने अत्याचार किया
प्रभु राम ने अपने हाथों से फिर बालि का संहार किया
भाई से कभी दग़ा न करना जीवन का सार बताते हैं
हम अपना शीश झुकाते हैं मेरे श्री राम कहलाते हैं

धनुष तोड़ के शिव जी का सीता को अपनाया था
परशुराम जी ने आकर के कितना क्रोध जताया था
जीवन में कभी धैर्य न खोना जो हम को समझाते हैं
हम अपना शीश झुकाते हैं मेरे श्री राम कहलाते हैं

रावण ने सीता को हर के रघुकुल को ललकार दिया
रावण की लंका में जाके रावण का संहार किया
सत्य की जीत सदा होती है जो हमको सिखलाते हैं
हम अपना शीश झुकाते हैं मेरे श्री राम कहलाते हैं

133. हे गणेशा

हे गणेशा रहो हमेशा हम भक्तों के पास
हे सुख कर्ता मंगलमूर्ति तुम से बँधी है आस

बुद्धि बल के दाता हो सारे बेदों के ज्ञाता हो
छुप कर क्यूं बैठे हो हमसे दर्शन दे दो आज
हे गणेशा रहो हमेशा हम भक्तों के पास

मन की चिंता हरने वाले घर में ख़ुशियाँ भरने वाले
हे लम्बोदर हे गजानन सुन लो मेरी अरदास
हे गणेशा रहो हमेशा हम भक्तों के पास

पार्वती के राज दुलारे बच्चों को तुम सबसे प्यारे
मेरे घर सपरिवार पधारो आजाये शुभ लाभ
हे गणेशा रहो हमेशा हम भक्तों के पास

लालबाग़ के राजा हो साल बीत गया आजाओ
तुमसे जीवन में उजियारा मन में है विश्वास
हे गणेशा रहो हमेशा हम भक्तों के पास

134. मेरे कन्हैया

आवाज़ में लगाऊं तो ऐसा कमाल हो
डूबे जो मेरी नैया कन्हैया संभाल लो

इतनी सी है गुज़ारिश इतनी सी अरज़ है
मूँदूं में अपनी आँखें बस तेरा ख़याल हो

मेरे बंशीधर मुरारी तेरा हाथ सर पे हो
कोई क्या बिगाड़े मेरा किसकी मज़ाल हो

प्रभु में तेरा सुदामा तुम मेरे श्याम हो
ब्रज में मनाऊं होली हाथों में गुलाल हो

तुम हो जगत के स्वामी राधा के गोपाल हो
कृपा बनाओ हम पर दीनों के दयाल हो

आवाज़ में लगाऊं तो ऐसा कमाल हो
डूबे जो मेरी नैया कन्हैया संभाल लो

मेरे बचपन का शहर चंदेरी

135. मेरे बचपन का शहर चंदेरी

बस एक खिलौना कर देता था सारे दुःख की भरपाई
बचपन लिखने बैठ गया जब यादों की आई पुरवाई

जागेश्वरी की सीढ़ी चढ़ के मैया को आवाज़ लगाई
सबकी मन्नत पूरी होगई सच्चे मन से धोक लगाई

पॉकिट मनी थी एक चबन्नी कितनी मीठी थी वो खिन्नी
डलिया भर डलपक सीताफल, दौना भर के लबदो खाई

धूल भरा गनगौर का मेला एक रूपए में झूले झूला
कव्वालों ने उर्स में आके सारी रात कव्वाली गाई

बाहर शहर में चल रये खटके रंग बिरंगे धागे लटके
चंदेरी की साड़ी ने सारी दुनिया में धूम मचाई

लाल गुलाबी नीली पीली कोई डिग्गा कोई पुंछेली
गाजी मियां के मेले में भरी दोपहरी पतंग उड़ाई

आँखों में गुस्से की ज्वाला अभिनय का अंदाज़ निराला
राम गुलाम चौबे जी ने रामलीला यादगार बनाई

लड़ लड़ के शादी में जाना फिर पंगत में पर्स कराना
फदाली के बेंड पे नाचे, नागिन धुन पे लोट लगाई

खट्टा मीठा थोड़ा तीखा इसके आगे सब कुछ फीका
विशाल ने अपने हाथों से सबको टिकिया खूब पिलाई

पंद्रह अगस्त की ऐसी हलचल बालुध्यान में पहुँच गये सब
श्रोत्रिय सर ने माइक संभाला गुप्ता सर ने परेड कराई

शार्ट कट का लिया सहारा मझधार में डूबे गया किनारा
एक के अस्सी के लालच में सट्टे पे खूब रकम लगाई

अब बच्चे कोक चाउमीन खारये लेपटॉप पे समय बितारये
हमने कन्छेदी की लस्सी गटकी चंपालाल की कुल्फी खायी

वोई सन्नाटा वोई हो-हल्ला वोई चबूतरा वोई मोहल्ला
वोई दोस्तों की फांकालौजी वोई सब बातें हवा हवाई

कविता पढ़ के मन झूम गया दिल यादों में घूम गया
वोई ढोल ग्यारस वोई ताज़िया हिन्दू मुस्लिम भाई भाई